一瞬で人生を変える
お金の秘密

happy money

これからの人生を
お金と楽しく心安らかに過ごす方法

Ken Honda・著　本田 健・訳

フォレスト出版

私にお金について教えてくださった方々、
これからお金との関係を良くしたいと考えるすべての人に、この本を捧げます。

日本版に寄せて

この本を手に取ってくださって、ありがとうございます。

この本は、Ken honda著、本田健訳という一人二役の珍しい本です。これまでに140冊以上の本を出版してきましたが、本書が初めての英語での書き下ろしの本となります。構想に20年、慣れない英語での執筆に3年かかりましたが、今までの作家人生のエッセンスをこの一冊に盛り込みました。これまで日本では、「幸せな小金持ち」「経済自由人」「大富豪」といった言葉がタイトルに入る本を書いてきましたが、テーマは一貫して「お金と幸せ」でした。

このたび、世界で出版することになり、「人類共通のテーマとは何か？」をじっくり考えました。その結果、「Happy Money」というコンセプトが生まれました。「この世界には、幸せなお金と不幸せなお金がある」ことに気づくことで、自分の選択肢も増えます。

この本をきっかけに、お金と楽しい関係を持つ人が増えていくことを願っています。

一瞬で人生を変える
お金の秘密
happy money

CONTENTS

まえがき——あなたのお金はニコニコ笑っていますか？

はじめに

第1章

あなたにとってお金とは？

第2章

お金のＩＱとお金のＥＱ

第3章

お金とあなたの人生
――あなたが、お金を使っている？ それともお金に使われている？

第4章

お金の流れ
――「Happy Money」の流れ、「Unhappy Money」の流れ

第5章

お金の未来

装幀◎河南祐介（ＦＡＮＴＡＧＲＡＰＨ）
本文デザイン◎二神さやか
翻訳協力◎坂東智子、岩田佳代子、佐伯葉子、
三浦和子、株式会社トランネット
ＤＴＰ◎株式会社キャップス

まえがき――あなたのお金はニコニコ笑っていますか？

私は以前、ちょっと変わった体験をしたことがあります。それがきっかけで、この本の構想やタイトルを思いつきました。

あるパーティーの席で、知り合ったばかりの女性にこう頼まれたのです。

「あなたの財布の中を見せていただけませんか？」

そんなことを頼むなんて、とびっくりなさった方もいるでしょう。でも、「有名人がどんな財布を使っているのか」という雑誌の特集はとても人気らしく、たまに財布を見せてほしいと頼まれることがあります。

その部屋には人がたくさんいたので、その女性が私の財布やお金を持ち逃げするとは思えません。ですから、ほとんどためらうことなく、革の財布を女性に渡しました。

とはいえ、私はちょっとギョッとしました。女性はすぐに財布の中を見て、高額の紙幣を全部抜き出したからです。

「これは大丈夫。これは合格。これも合格だわ」

女性は紙幣を一枚ずつチェックしては、こうつぶやきました。

「すばらしいわ。あなたのお金はどれもいい感じです」

彼女はそう言って、紙幣をきれいにそろえて財布に戻し、私に返しました。

「それはよかった」

私はこう答え、訳がわからないながらも、彼女の検査に合格してちょっと安心した自分がいました。

「もしよかったら、あなたが何を見ていたのか、教えていただけますか？」

「私はね、あなたのお札が、笑っているかどうかチェックしたんですよ」

そう答えた彼女は、**「お金は、どのように受け取るか、支払うかで、笑うこともあれば泣くこともある」**と説明してくれました。

人が罪悪感や怒り、悲しみなどを感じながら支払ったお金は「泣いている」のだそうです。一方、愛情や感謝の気持ち、幸せな気分で支払ったお金は、「にっこり笑い」「声を立てて笑う」こともあるそうです。そういうお金は、支払った人のポジティブなエネルギーを帯びているからということです。

お金が笑う？　お金が泣く？

私にとって、お金についてまったく新しい見方をするきっかけになりました。

公園の親子を見て、決めたこと

私は人生を通じてずっとお金に恵まれていました。子ども時代に、税理士の父親からお金のことについて帝王教育を受けてきたので、20歳のときに「30歳までに、幸せで豊かになろう」と心に決めました。そしてコンサルティング、会計の仕事などをやって、20代のうちにたくさんお金を稼ぎました。いろんな幸運も重なり、私が29歳のとき、娘の出産をきっかけに、夫婦で子育てに専念することにしました。

子育てにフォーカスした4年間は、人生で最高に幸せな時期でした。その決断は人生で最高の決断でした。そう言えるのは、たくさんの時間を娘と過ごせたからだけではありません。娘と一緒のときに、自分のセカンドキャリア――**何百万人もの人々が幸せに、豊かに、心安らかに暮らせるよう手助けすること**――を思いついたからです。

それは、よく晴れた日に娘と公園にいたときのことでした。私たちが楽しく遊んでいると、近くで、1人のお母さんと私の娘と同じ年頃の女の子が口げんかを始めました。お母さんは急いでいて、困り切っていました。彼女は娘さんに怒鳴りました。

「お母さんは仕事に行かなきゃならないの！　だからおうちに帰りましょ」

ですが、女の子は、こう言い続けます。

「まだ来たばかりでしょ。もっと遊びたいの！　ねえ、お願い！」

数分ほど言い争ったあと、お母さんは嫌がる女の子を引きずるようにして帰っていきました。私は、女の子とお母さんが気の毒でなりませんでした。

お母さんだって、できることなら、もっと公園にいたかったでしょう。何しろその日は、すばらしくいい天気でしたから。子どもと外で遊びたいと思わない親などいないはずです。

そのとき、私は「何かをしなくちゃ」と思いました。

そのお母さんだけじゃなく、家計のやりくりに苦労しているすべての若い両親を手助けしたい。あのお母さんが抱えているような苦痛やストレス、イライラをなくしたい。何かできることがあればしてあげたい。そう心から願いました。

そして、まさにその日の午後、私が長年にわたって蓄積してきた、「豊かに生きるための知恵」を文章にまとめようと思い立ったのです。

書き始めたときには、私に書けるのは5ページぐらいだと思っていましたが、一気に筆が進み、自分でもびっくりしました。気がついたら、26ページも書いていたのです。

すっかり有頂天になった私は、書き上げた文章をプリントアウトし、ホチキスで留めて、さっそく友人たちに配りました。すると驚いたことに、友人たちはとても気に入ってくれたのです。そのうち、知らない人たちが電話をかけてきて、こう言うようになりました。

「あなたの冊子のことを噂に聞きました。もしよければ、私にも10部いただけますか？」

それからというもの、私は毎日原稿をプリントアウトし、ホチキスで留めては、欲しいと言ってきた方々に発送しました。

しかし数日後には、プリントをホチキスで留める作業のやりすぎで、手の感覚がなくなってしまいました。友人に愚痴をこぼしたら、印刷業者に簡易印刷を頼むことを勧められ、すぐに電話帳で調べて連絡しました（メールのやりとりがない、昔の話です）。

担当者が来たときに、最初は「５００部でいい」と言ったのですが、「１０００部が最低ですが、３０００部注文していただければ、すごくお安くできますよ」と言われました。関西人の私は、「お得！」という言葉につられてしまい、大して考えもせずに答えました。

「それでお願いします！」

しばらく経ったある日のこと。散歩からの帰り、我が家に2台のトラックが横づけになり、若い配達のお兄さんが重そうな荷物を降ろす様子を目にしました。ご近所さんが引っ越して来るのかと思ったら、なんと、それは何も考えずに注文した小冊子だったのです。

妻が帰宅後、ひと部屋全体を埋め尽くす、冊子入りのボックスを目にしたときの顔を想像してみてください！

妻は優しい人ですから、なんとか私を許してくれました。私が1カ月でそのボックスの山を片づけるという条件で、彼女は「今回は大目に見るわ」と言ってくれたのですから。

思いがけない1本の電話から、ライフワークが始まった

その後、私はどうしたと思います？

小冊子を配りまくりました。知り合い全員に押しつけ（笑）、知らない人にも配りました。

おもしろいことに、自宅の冊子がすべてさばけた後も、小冊子が欲しいという注文が続いたのです。当初は、人々が冊子を欲しがるのは、内容がいいからなのか、タダだからなのかわかりませんでした。それでも内心、「けっこういい線いっているのではないか」と思っていました。

そして、配布した冊子が10万部に達したころ、はっきりわかりました。出版社から電話があり、「本を書くことに興味はありませんか」と聞かれたのです。

まずは、こう返事をしました。「とんでもありません！　私は作家じゃないですから！」

しかし、出版社の人は引き下がりません。

「でも、あなたには時間がたっぷりありますよね。試しに書いてみてはいかがでしょう？」

私はその言葉に反論できませんでした。娘は、もうじき幼稚園に入るところでした。娘が家にいなくなったら、私は、いったい何をして過ごせばいいのでしょう？

私は、何か書けるかもしれないと思い直し、パソコンの前に座って、実際に書いてみることにしたのです。

それが、人生を変える旅の始まりになるとは、思ってもみませんでした。その後、私は50冊以上の本を書き、翻訳本も含め、１４０冊以上出版し、シリーズ累計で８００万部近くの本を世に送り出しました。娘と遊んでいるときに文章を書いてみようと思いついた育児セミリタイヤしていた普通のパパにとって、驚くべきことが起きたのです。

あのとき、公園で見かけた1人の働くお母さんを応援したいという気持ちで始めたことが、私のライフワークになるとは、想像もしていませんでした。

その後、人が自分のライフワークを見つけるのを手助けすること、そして、その過程で自分も豊かさと自由をエンジョイすることが、私のライフワークだと気づいたのです。

私は、お金や人生について本をたくさん書いてきましたから、当然ながら、「お金のこと」はだいたいわかっているつもりでした。ですが、新しい友人——人の財布を見たがるミステリアスな女性——に財布を返してもらったとき、何年も前に公園にいたときと同じように、また考え込んでしまいました。

このとき、初めて「エネルギーとしてのお金」について考えたのです。

エネルギーとしてのお金

新しい友人が返してくれた財布を手にしたとき、私はこう思いました。

「ああよかった。財布の中のお金——私がここ何年かの間に稼いだり、受け取ったお金はすべて、喜んで、感謝している人々からいただいた幸せなお金だったんだ」

そして、自分がどうやってお金を稼いできたのか、ざっと振り返ってみました。

思えば、私はこれまでに、いろんなサービスを提供することでお金を受け取りました。

私は、人が成功したり、豊かになったり、力をつけたりするのをサポートしてきました。

人が心の安らぎや喜びを手に入れたり、人生に感謝の気持ちを取り戻す手助けをしました。

次に、人々がお金を払って私の著書を読んだり、私のセミナーやワークショップに参加したとき、どう思っただろうと考えてみました（私はこれまで、世界各地で何千人もの人々の前で講演してきました）。

また、どのくらいの人が私の著書に影響されて、人生を変えたのだろうかということも考えてみたのです。読者の皆さんの中には、転職や独立をしたり、結婚したり、子どもを持ったり、有害な人間関係を絶ったりしました。自分で事業を始めた人もたくさんおり、私はそういう人たちからお便りをよくいただきます。なかには、ゼロからスタートさせた会社を上場企業に成長させた人もいます。また、すごいお金持ちになったわけではないけれど、豊かな気分で暮らせるようになったという人たちからも、感謝のメールが届きます。

そういう人たちは、預金がどんな額であろうと、とても幸せに過ごしています。お金絡みのストレスがなくなったことで、自由に新しい人生を送れるようになったのです。

私はよく「お金の専門家」とか、「お金のヒーラー」と言われます。ですが、自分の財布を見つめながらあの場に立っているとき、自分の本当の仕事に気づきました。

ここ10年は、「自分とお金との関係を癒すこと」が、私の仕事だったのです。

そして、こんな考えが頭に浮かんできました。

「そうか、**私にお金を払った人たちは、そのお金に感謝の気持ちや喜びの感情――つまりたくさんの幸せなエネルギー――**を送ってくれたんだ」

私の財布に「笑っているお金」が入っているのは、人様のおかげ。まわりの人のおかげで今があると体感できたのです！

「お金がエネルギー」ということが理解できました。そして、私自身がお金を払うときは、どんな気持ちやエネルギーを伝えているのだろうかと考えてみました。

私たちのお金には、実にさまざまな感情が込められている

私たちの多くは、お金のエネルギーを持ち歩き、そのエネルギーが私たち自身に影響を与え、さらには他人にも影響を与えています。私たちは、紙幣は「金額を示すだけのもの」とか、「ただの紙切れ」と考えがちですが、お金はそれだけのものではありません。

お金に伴う感情は実にさまざまで、私たちが気づいていない感情を伴っていることもあります。

「請求書が払えない」「給料が少ない」「貯金が十分にない」ということに、無力感を感じている人はたくさんいます。そして、「もうだめだ、なすすべがない」と思ってしまうのです。

また、自分より稼いでいる人たちに、嫉妬《しっと》や怒りを抱くこともあります。それなのに、

自分の収入を増やすことをあきらめてしまうこともあるでしょう。

それどころか、こんなふうに言うこともあるかもしれません。

「まあ世の中そんなものさ。自分ができることなんて、ほとんどない！」

私たちの多くがお金を敵視し、お金へのどす黒い感情のせいで、本来なら生きられたはずの人生を生きられていなかったり、好きなことができていなかったりします。

一方、お金が「喜び」や「感謝の気持ち」「幸福」をもたらす可能性があることを理解している人は、ほとんどいません。とりわけ、私たちがお金を受け取ったときと同じポジティブなエネルギーを添えて、お金を惜しみなく与えたときに、同じものが相手にも自分にも、もたらされることを知らないのです。

世の中をたくさんの愛や感謝の気持ち、繁栄や平和で満たす「Happy Money」

新しい友人——人の財布を見たがるミステリアスな女性——との出会いの後、私はお金や世界について、いろんなことを考えました。
「世の中にはとてもたくさんのお金がある。そして今この瞬間にも、たくさんのお金が幸せや愛を振りまいている。その一方で、たくさんのお金が、悲しみや恐怖も振りまいている」

世の中をたくさんの愛や感謝の気持ち、繁栄や平和で満たすのに、何か私にできることがないだろうか?

もっと多くの「Happy Money」が流通するようにするには、どうしたらいいだろう?

すると、何年も前に娘と公園でいたときと同じように、アイデアが浮かびました。

「よし、本を書こう。私が気づいたことを、できるだけたくさんの人に伝えよう」

あなたがこれから読もうとしている『Happy Money』には、私が長年にわたって、たくさんの方々から学んだことや、たくさんの方々に伝えたことのエッセンスが詰まっています。

これまで、実に多くの皆さんから次のようなご質問をいただきました。あなたがこうした問いに答えを出せるよう、私がお手伝いいたしましょう。

◎お金とどう付き合えばいいのか?
◎大きな犠牲を払わずに、収入を増やせるか?
◎生きている間に、心の安らぎを得られるか?

◎幸せで充実した人生、豊かで生きがいに満ちた人生を築くには、何をしたらいいのか？

答えは、この本の中にあります。

これまでに、私の著書は何百万人もの人生を変えてきました。同じように、この本があなたの人生を変えることになるでしょう。それは、あなたのお金、仕事、家族、人生に対しての考え方が、自然と変わっていくために起きるのです。

この本を通じて、あなたが人生を違った角度から眺め、お金との関係が大きく改善されることを、心から願っています。

私が読者から最も多くいただくコメントに次のようなものがあります。

「すごい、新発見です。お金をこんなふうに考えたことは、一度もありませんでした」

あなたにも同じように感じていただければ幸いです。

そしてこの本を読むことが、あなたの「Happy Money」人生のスタートになることを祈っています。

それは必ずや、エキサイティングな人生になるでしょう。

はじめに

Happy Money と Unhappy Money

お金には2つの種類――「Happy Money」と「Unhappy Money」――があります。

「Happy Money」は、10歳の男の子が、母の日にお母さんに花を買うようなお金です。

子どもがサッカーやピアノを習えるように、両親がコツコツ貯めたお金も「Happy Money」です。

普通のお金が「Happy Money」に変わるケースはいくらでもあります。たとえば次のような場合です。

◎経済的に苦労している家族に、お金の援助をする。
◎台風や地震の被災者に、少しばかりの寄付をする。
◎クッキーを売って、ホームレス施設のための寄付をする。

◎社会に役立つビジネスや社会事業に投資する。
◎満足したクライアントから料金を受け取る。

愛情や思いやり、友情を伴って流通しているお金は、どれも「Happy Money」です。
この種のお金は、人々を笑顔にし、人々に「自分は愛されている」「とても大事にされている」と感じさせます。

「Happy Money」は多くの点で、愛情の形——見たり、感じたり、触れたりすることができる形だと言えるでしょう。

お金は、お金にしかできないような形で、人を助けることがあります。
たとえば、火事で家を失うといった大きな困難に見舞われたとき、「祈り」や「励ましの言葉」がたくさん届けられても、ある程度しか家族の助けになりません。でも、お金があれば、家族に食べ物を買い、一時的に家を提供し、家族が立ち直るのを助けることができます。そういったことは、「励ましの言葉」にはできません。

一方、「Unhappy Money」は、家賃や請求書、税金などをしぶしぶ払うお金のことです。
このお金については、想像力を働かせるまでもないでしょう。私たちは誰もが、さまざまな形の「Unhappy Money」を見聞きしています。たとえば次のような場合です。

◎ひどい離婚のあとに、慰謝料としてお金を払う、あるいは受け取る。
◎好きな仕事ではないのに、辞められないまま、会社から給料を受け取る。
◎クレジットカードの分割払いのお金を、イヤイヤ返済する。
◎あなたにお金を払うことを不快に思っている人——たとえば、「あなたにはこのお金を受け取る資格がないが、契約した以上はとにかく支払います」といった不満を抱えた顧客など——からお金を受け取る。
◎相手がどんな人であれ、人からお金を盗む。

不満や怒り、悲しみ、失望を伴って流通しているお金は、どれも「Unhappy Money」です。この種のお金は、人々にストレスを与え、人々を絶望させ、イライラさせ、落ち込ませ、時には暴力的にします。そして人々から、品位や自尊心、優しい心を奪うのです。あなたがネガティブなエネルギーを抱えながら、お金を受け取ったり使ったりしたら、そのお金は必ず「Unhappy Money」になります。

そして、「Unhappy Money」の特徴は、受け取ったとき、使うときに、イヤな感じがすることです。イライラしたり、気分が悪くなったり、意地悪な気持ち、冷たい感じがしたら、それは「Unhappy Money」です。

あなたの「お金の流れを選ぶ」とは?

お金に2つの種類があるなら、お金とのかかわり方も2通りあります。

私たちは「Happy Money」の流れか、「Unhappy Money」の流れのどちらかに入って生活しています。あなたがどちらの流れの中で生活するかで、人生はまったく違うものになります。

ここではっきり言っておきたいことがあります。

あなたが持っているお金が「Happy Money」か「Unhappy Money」かは、あなたの収入、資産の金額で決まりません。

あなたがどちらのお金の流れに入るかは、**あなたがお金を与えたり受け取ったりしたときに、そのお金がどんなエネルギーを持っているかで決まる**のです。

あなたの収入が多かろうが少なかろうが、あなたのお金は必ずどちらかの流れに入っています。そして、どちらの流れに入るかは、あなたの選択次第なのです。あなたが「Happy Money」の流れに入りたいと思うなら、そこに入れます。あなたがお金を受け取るときに、「感謝することを選ぶ」だけでいいのです。そして、惜しみなくお金を与え、喜びや感謝を込めてお金を払えばいいのです。

とはいえ、お金についてのアドバイスを求めて私のワークショップに参加した何千人もの方々と接した経験から言えば、そうしたことを実際に行なうのは、口で言うほど簡単ではありません。たいていの人は、自分がお金の流れにどう関係しているかなんて、気にも留めていないからです。

はっきり言うと、**たいていの人は、本人が気づいていようがいまいが、すでに自分のお金との不幸な関係に深くはまり込んでいます。**

「Unhappy Money」のあるところには、「Unhappy な（不幸せな）人々」がいます。両者は、言わば「切っても切れない関係」にあるのです。たとえば、もしあなたの家族、同じ職場、学校の人たちが「Unhappy Money」の流れに入っているなら、おそらくあなたも、イライラしていたり、感謝の気持ちのないお金、喜びのないお金の受け取り手になってしまっていることでしょう。

私たちの多くは、お金との健全な関係を築けていません。ですから、お金の心配をしたり、お金のことで腹を立てたりすることに、たくさんの時間を費やしています。なかには、お金のことを理解するのがあまりにも難しく思えて、腹を立てて、「もうお金のことなんて、いっさい考えたくない」と思ってしまう人もいます。お金の問題といつかは向き合わねばならないことはわかっているのに、向き合うのをひたすら避けてしまう人もいるでしょう。

実際、私たちの中には、お金の心配で疲れ果てて、他のことをするエネルギーがほとんど残っていない人もいます。そういう人たちは、普段働くことと、家計をやりくりすること、近所の人たちと張り合うことに手いっぱいで、他のことに手がつけられません。

彼らは、あまりにも疲れ果てているので、請求書をほったらかしにしてしまいがちです。財布の中にいくら入っているかを数えることも、預金の残高もチェックしなくなります。そんな状態に陥ったら、借金の複利の利子と同様、問題は雪だるま式に増えていきます。

私たちの多くが、自分がお金のことでどれほどエネルギーを消耗しているか、お金が基本的な決断をどれほど左右しているかに、気づいていません。

ではここでちょっと、次の問いについて考えてみてください。

「あなたの友人や家族の経済状態は、大きく異なりますか?」

「あなたは、趣味の仲間と行動を共にしていますか?」

「友人のほとんどが、正社員として会社勤めをしていますか?」

「あなたの友人たちは、みんな同じような家や車を持っていませんか?」

たいていの人は、人との出会いや付き合いは偶然によるものと思っていますが、私たちの人生の大部分は、社会的、経済的な立場によって、すでに決まっているのです。つまり、私たちの人生は、ある程度、お金によってコントロールされているということです。

私たちがどんな人間か、どこの学校に行ったか、どこで育ったか、どんな人たちと友だちになったか、仕事でどんな人たちとつながりを持っているか、お金をどう稼ぎ、どう使うと決めるかで、私たちの人生の大部分が決まると言ってもいいでしょう。

貧困層や中流階層の人たちだけがお金の流れの影響を受け、ネガティブなエネルギーに満ちたお金を受け取ったり与えたりしているわけではありません。

アッパークラスや富裕層の人たちも、お金のネガティブな流れに影響を受けています。私のクライアントの中にも、ギリシャ神話のミダス王（手に触れるものをすべて黄金に変える能力を持つ伝説の王様）より金持ちだというのに、財産を失うことを死ぬほど恐れている人がたくさんいます。彼らはお金の楽しみ方を知りません。絶えず金持ちの隣人と張り合おうとしているので、ストレスでいつも疲れきっています。

もちろん、金持ちになることだけがあなたの目標なら、それを目指してかまいません。ですが、大金を稼いだからといって、人生の問題がすべて解決するわけではないことに、多くの人が気づいています。

実際、「理想の人生を築くのに大金は必要ない」と思っている人もたくさんいます。お金にまつわる過去の心の傷を癒し、お金に対する態度やお金との付き合い方を改善した人たちは、実際の財産がどうであれ、「自分は最高に豊かだ」と思えるようになります。

お金に関する思い込み、痛みを癒す

私が情熱を傾けてきたのは、人々の「お金にまつわる心の傷」を癒すことでした。自分がどんな傷を抱えているのか、どうしてその傷を抱えることになったのか、その傷が日々の生活にどんな影響を与えているのかといったことに気づくと、人は、人生で何を優先するべきかを健全に判断できるようになります。もしあなたが、お金に関する傷を癒すことができたら、あなたの経済状態は確実に改善するでしょう。

もしあなたがお金を「良いことに使うもの」「豊富にあるもの」「自由に与えたり、受け取ったりできるもの」と考えるようになったら、内面の変化が、あなたの外側の人生に反映されていきます。反対に、お金に対するネガティブな考えや思い込み——「お金は悪だ」「お金は修羅場を生み出す」「人生でうまくいっていないことは、お金が原因だ」といった考え――を持ち続けているなら、そうした内面でのつぶやきが、いずれあなたの外面の人生に確実に反映することになるでしょう。
あなたのお金に対する考えが、あなたのお金――ひいてはあなたの人生――に反映するからです。そういった例を、これまでにたくさん見てきました。

私の子ども時代の「Unhappy Money」体験

私が子どものころは、お金のことで人の役に立つ作家になろうなんて大それた考えは持っていませんでしたが、私の「Happy Money」探しの旅は、ごく小さいころから始まりました。お金が、子どもだった私に大きな影響を与えたのです。そのころに学んだ教訓は、いろんな意味で、今も頭を離れません。

私の父は税理士で、彼の経営する会計事務所は成功していました。クライアントが相談のため自宅に来ることもありましたが、そのときには、応対してお茶を出すのが私の仕事でした。クライアントは経験を積んだ実業家たちで、私は機会を見つけては、8歳、9歳の子どもの口から出るとは思えないような質問を彼らにぶつけて、楽しんだものです。私が、その月の売上利益とか、株主資本利益率、労働生産性といったことについて尋ねると、たいていの相手はリアクションに困ってオドオドしていました。私にとっては、大人にそういう質問をするのが「おもしろい遊び」だったのです。

私はある時期から、クライアントの中に、最初はちょっとくたびれた服を着ていたのに、そのうち、しゃれたスーツと高価な靴を身につけてやって来るようになる人がいることに気づきました。そういう人の多くは、車もアップグレードしていました。その一方で、どんどん落ちぶれていく人もいました。

そのうち、小学生の子どもの目にも、クライアントが大きく2つのタイプに分けられることが明らかになりました。イライラして、見るからに忙しそうな人たちと、ゆったり落ち着いていて、幸せで余裕のある人たちです。お金持ちに見える人たちにも、その2つのタイプがいました。

ある日の午後、私を心の底から震えさせる出来事がありました。それ以来、その出来事はずっと記憶に残っています。私が小学校から帰ったら、いつもは感情を表に出さない父が大声で泣いていました。私に空手や剣道を教えてくれた父、「いじめに立ち向かえ」「傷ついた人たちを守れ」と教えた父が、号泣していたのです。何があったのか想像もつきませんでしたが、私の目の前に、いつもの姿とは打って変わり、すっかり取り乱しているように見える父がいました。

母が私をそばに呼び、父は、悲劇が起きたことの責任を感じているのだと教えてくれました。父のクライアントが自分の家族全員を殺して、その後、自らの命も絶ったのです。そのとき、初めて「一家心中」という言葉を知りました。

何日か前に、そのクライアントが父にお金を貸してくれるよう必死に頼んだときに、父が断ったため、父は自分のせいで悲劇が起きたと責任を感じているということでした。

あとで知ったのですが、父は、最初は断りましたが、後日、お金を貸すつもりでいました。父は、クライアントの家族が厳しい金銭状況から立ち直れるよう手助けしたいと思っていたのです。最初に借金を断ったのは、自分が貸したお金が、彼らを食い物にしようとしているヤミ金融の手に渡るのを防ぎたかったからなのです。

父は重苦しい気持ちを抱えながら、葬儀を手配し、葬儀委員長として、友人の家族全員を見送りました。その後、自分のせいだという思いが父の頭を離れることはなく、落ち込んだ暗い日々を過ごし、アルコールに溺れるようになりました。その後も、そうした状態から完全に回復することはありませんでした。

陽気で冗談をよく言っていた父は笑顔を見せなくなり、私たち家族からも笑顔がなくなりました。それは、家族にとっても、悲劇の始まりでした。

それ以前の私は、お金に対して、ポジティブな感情しか抱いたことがありませんでした。子どもはもともと、お金に怖いイメージは持たないものです。私は初めて気づきました。お金がもたらすのは、成功や幸せだけではないのだ、1つ間違えたら、家族全員を皆殺しにすることもあるのだと。この一件が、お金は悲惨な結果をもたらすというイメージを私に植えつけることになりました。

子どもだった私は、心に決めました。

「ぼくが大人になったら、ぼくの家族が同じような目に遭わないように、絶対にお金で困らないようにしてみせる」

まだ子どもだったので、はっきり自覚していたわけではありませんが、この一件で、私のお金に対する全体的な見方が変わりました。たとえ自分の家族が金銭的に不自由していなくても、家族のまわりの人がお金に困っていたら意味がないと思うようになったのです。結局のところ、私たちは、近くにいる人たちに常に影響されるのです。

お金って何だろう？お金の意味を知りたい！

中学生になると、お金に関する本を読み始めました。数年後には、日本がのちに「バブル経済」と名づけられた状況に入っていきました。私は、人々がどうお金と付き合うのか――人々は、お金をたくさん持っているときには、どうするか、そして突如として、お金がまったくなくなったら、どうするか――を目の当たりにすることになりました。

その後、私は東京の大学に進学し、ビジネスやお金のことを教えてくれそうな先生を探しました。いろんなお金持ちを探しては、会いに行きました。

そういう出会いの中で、お金持ちと言われる人の中にも2つのタイプがあることに気づきました。お金持ちの中に、幸せな人々と不幸せな人々がいたのです。幸せなお金持ちは、家族とすばらしい関係を築いているように見えました。そしてどの人も、自分が大好きな分野で働いていました。また、従業員からも顧客からも大きな尊敬を集めていましたし、困っている人たちには最大限の援助をしていました。

一方、不幸せなお金持ちは、さらにどれだけ多くを稼げるかとか、どうしたらもっと資産を増やせるかといったことを、いつも考えて行動しているように見えました。彼らは新しいビジネスを生み出すことや、法に触れずに人を食い物にすることで頭がいっぱいでした。そして彼らは、典型的な「表裏のある人間」でした。何しろ、従業員をぞんざいに扱うことが多く、ウェイターや運転手たちにはとても無礼でしたが、自分にお金をもたらす人や自分の成功に力を貸してくれる人たちには、丁寧に礼儀正しく振る舞っていました。

そういうことを目の当たりにするたび、吐きそうになりながらも、自分がもしお金持ちになることができたら、そうなりたくないと思う人たちにたくさん会いました。

そこで、私は考えました。

――幸せなお金持ちと不幸せなお金持ちは、どうしてこんなに違うのだろう？

――彼らの行動には、何かしら理由があるはずだ。


どうしてお金持ちの中に、幸せで寛大な人と意地悪な人がいるのだろう？

こうした思いが、私の生涯にわたる「Happy Money」探しの始まりになろうとは、そのときの私には思いもよりませんでした。

その旅の過程で、たくさんのお金持ち、お金と上手に付き合っている人、お金のない人、無関心な人に会ってきました。幸せな人もいれば、不幸な人もいました。満たされている人、心に穴がポッカリ開いている人、愛でいっぱいの人、さまよっている人。

そういうさまざまな人との出会いで、私は、「お金とは何か」「人生とは何か」を学んできました。そのエッセンスをぜひ楽しんでください。きっと、あなたの人生は、ここから、ワクワクするようなものになることでしょう。

第1章

あなたにとってお金とは？

お金の謎を解き明かす

お金について説明していく前に、1つ質問があります。

あなたにとってお金とは、何ですか?

この質問をしてくる相手によって、あなたの答えも変わってくるでしょう。9歳の女の子から「お金ってなあに?」と聞かれれば、「お金には、紙のお金と硬貨の2つがあるんだよ。お金があれば、いろんなものが買えるんだよ」と答えるかもしれません。

けれど、大人に説明するとしたらどうでしょう。「お金は、ものやサービスをやりとりするための手段」とでも言うのでしょうか。

どちらの答えも間違ってはいませんが、あなたも私も、お金は「やりとりをするための手段」だったり、「いろんなものを買う」ために使うだけのものではないことを知っています。私たちは、毎日お金を稼ぎ、お金を使っているのに、こんなに簡単な質問に答えることもできないのです!

私はもう何年もの間、さまざまな年齢、国籍の人に聞いてきました。

「あなたにとって、お金とは何ですか？」

返ってくる答えの多様性に、いつもびっくりします。世界中のいろんな国の人に聞いてきましたが、同じ答えは1つとしてありません。つまり、**お金は、人によってそれぞれ違う存在**なのです。「お金は神様みたいにすばらしいものだよ」と楽しそうに話してくれる人もいれば、「お金は悪魔のように邪悪だ」と苦々しく言った人もいました。「お金は愛情を表現するもので、人を幸せにする」と説明してくれた人もいれば、「お金は、人を意のままに操る魔法の道具だ」とずる賢そうな顔で言う人もいました。

そういう多種多様な答えからも、「お金が何なのかは、人によってとらえ方がぜんぜん違う」ことがわかるでしょう。

玩具「人生ゲーム」で、お金の感情が引き出される!?

目に見える物理的なお金は、ただの紙か金属にすぎません。けれど、同じ顔が印刷された紙幣や、同じ模様が刻印された硬貨を持っているとしても、持つ意味は、それを手にしている人の数だけあるのです。

高額紙幣を見て、怒りが湧き上がってくる人もいれば、ワクワクして喜ぶ人もいます。

けれど、本当に興味深いのは、子ども用のオモチャのお金を前にしたとき、1人として同じ感情を示す人がいないことです――例外はおそらく、モノポリー（人生ゲーム）のお金に対してくらいでしょう。それはどうしてなのでしょうか。モノポリーをやるときに私たちが示すさまざまな感情は、ほとんどの場合、本物のお金に対して抱く感情とほぼ同じだからです。ゲームをするなら「勝ちたい」と思うのが普通ですから、実生活でお金を使うのと変わらないこだわりを持って、お金のゲームに向き合うことになります。

お金をたくさん稼いで、申し分のない財産を手にし、それでいて、莫大な所得税を払わず、刑務所にも行かずに済ませたい。実生活でもそんな「勝利」――あるいは、いわゆる「成功」を望まない人などいるでしょうか。人生ゲームでも実生活でも、「チャンス」が巡ってきて、臨時収入や配当金をもらうことを喜ばない人などいるでしょうか。

言い換えれば、私たちは実生活で財産やお金に対していろいろな感情を抱きますが、それに応じた感情を、人生ゲームのお金にも抱くのです。

財産を手にしたらどう思いますか。税金の支払いは？　家賃の支払いは？　財布の紐は固いですか？　リスクを取って、大枚をはたきますか？　ゲームをやりながら、自分や他の人の様子を観察して、サイコロを振るたびにどんな感情が沸き立ってくるのかを見てみましょう。実生活で、こうした紙幣や硬貨にどのくらい感情のエネルギーを費やしているのかを知りたければ、ゲームのさなかに紙幣や硬貨に費やすエネルギーを感じてみてください。あなたがお金とどう付き合っているか、はっきりとわかるはずです。

一生懸命働けば、お金はついてくる⁉

私の経験では、しょせんはゲームだと割り切って楽しんでいる人たちのほうが、いつも一枚上手です。彼らは、銀行の預金額こそトップではないかもしれませんが、最終的な「勝利」だの、「最高額」を手にすることだのにはこだわらず、ゲームの過程――駆け引きを楽しみます。彼らが重きを置いているのは、実際に勝つことよりも、勝者になったような「気分」なのです。

では、なぜ、モノポリー（人生ゲーム）をしたいのか？

もしも私が、お金は「ゲーム」だと言ったら、どうしますか。

どのくらい真剣に遊べますか。

勝てると思いますか。

もう一度言いますが、どんなに経済的にうまくいこうが、それは「勝利」ではありません。もし、「勝利」があるとすれば、どれだけ「ゲームを楽しめるか」なのです。

共通のルールのもと、ボードの上で駒を動かし、先の予測もつくモノポリーとは違って、実生活でお金を使うときには、この先どうなるかが、さっぱりわかりません。10マスや12マスも一気に先へ行くこともなければ、いつも時計回りに進んでいくこともありません。事実、ほとんどの人が、現実のマネーゲームではかなりの喪失感に襲われているでしょう。

どの資産が最も大きな利益をもたらすかは不明です。持ち家にカビが生えてきたり、シロアリに食われたり、木が倒れてくるかもしれません。家族が病気になって、莫大な治療費がかかり、闘病中の何年かは、家計が苦しくなるかもしれません。

勤めている会社が不景気になって、リストラされるといった事態も起きるでしょう。人生を捧げて働いてきたのに、やっている仕事が時代遅れになり、新興勢力に取って代わられるかもしれません。

本当のところ、私たちが現実に行なっているお金のゲームは、かなり危険をはらんでいます。経済の変化や家族の問題、自然災害のせいで、途方にくれることがよくあるのです。

興味深いのは、実際の人生ゲームにおいては、大半の人がおなじみのサイコロをまだ振りもしないうちから、ゲームに負けてしまったような気持ちになっていることです。そして、誰かが私たちに言うのです。

「もうちょっと頑張って、もうちょっと賢く働きさえすれば、状況を変えられる、そのうちいいこともあるよ」

だから、気を取り直して、「もう少し頑張ろう！」と、自分に言い聞かせるのです。

あなたにも心当たりがあるのではないでしょうか。

この本を読んでいただいている方なら、もうすでに、多くの人がゲームのルールはおわかりでしょう。あなたも「一生懸命働けば、お金はついてくる」という言葉を一度は耳にしたことがあるでしょう。

ですが、ちょっと言わせてください。あなたはもう、体験的に知っているのではないでしょうか。あなたよりもお金持ち、あるいは裕福そうに見える人たちが、あなたよりも頑張って働いているわけではないということを。金持ちが散々贅沢をしているのに、この世界には、死に物狂いで働いても、決して貧困から抜け出せない人たちがいるのです。

そうです。**一生懸命働くことだけが、答えではありません。**聡明で勤勉なのに、報酬に満足していなかったり、マネーゲームで勝利したと感じられない人はたくさんいます。その一方で、十分に満ち足りていて、何も不安などはないという人もたくさんいます。そしておもしろいことに、彼らの多くは、裕福な人ほどお金を持ってはいなかったりします。

お金のゲームが、一筋縄ではいかない理由

お金のゲームは、おもしろいゲームです。私のメンターの竹田和平さんはかつて「**実際の人生でのお金のゲームに、終わりはない**」と言っていました。それは野球でいうと、あなたのチームが9回の裏の時点で勝っていても、だからといって必ず勝利を手にできる保証はありません。スラッガーの快音一発で、塁上の走者が全員ホームに帰ってくるかもしれないからです。実際に、そういう逆転劇はよく起きます。

マネーゲームも同じです。たとえ30、40代のときにはお金をたくさん持っているからといって、この先何か取り返しのつかないことが起こらないとは限らないのです。そうなればたちまち貧乏になり、60代での引退など夢のまた夢となってしまいます。悠々自適の余生を送れるだけのお金を50代までに稼いだのに、60代で破産申請をせざるを得なかった人のことを誰しも聞いたことがあるでしょう。セレブや有名なアスリートが手にしたすべてを失って、多額の借金を抱えたまま亡くなった話は、よくニュースになります。何十億も稼いでいたはずなのに、なぜお金がなくなるのか、私たちには理解できません。

お金を失うのは、「収入以上に使ってしまうから」と言う人もいますが、そうではあり

ません。それぐらいでは、何十億円というお金はなくならないでしょう。

彼らがお金を失ってしまうのは、**お金のルールが絶えず変わっているから**なのです。

２００８年の不動産バブル崩壊を考えてみましょう。それまでの数年間、巷ではこんなふうに言われていました。

「不動産に投資しろ。お金はそこにある！」

実際に、住宅価格は急騰し、お金も簡単に借りられたのです。けれど、あるとき、「ルール」が変わりました。住宅市場は突然下落しました。持ち家——昔のように、買った値段の倍で売れると信じて疑わなかった家——は、価値が半減してしまったのです。

そこで次に注目されたのが金（ゴールド）でした。

「金（ゴールド）は前途洋々だ」

他の市場が混乱すると、金融の専門家は口を揃えて言います。けれど、経済が順調なら、金地金は利息を生まない、ただの黄色くて重い石ころになり下がります。

今、私たちは興味深い時代を迎えようとしています。

グローバル経済のすべての分野は、これまで以上に結びついているのに、私たちが知っているシステムはどんどん壊れていっています。新しいシステムが毎日登場し、私たちがどんなに考え、どんなに覚えても、お金は変わっていくのです。

たとえば、ごく最近では、みんなが仮想通貨のことを口にしています。それは「将来性」があり、「最も信頼できるシステム」だと。なのに、安全であるはずの口座から何百億円も流出するという、ハッキングにまつわるゴタゴタはあとを絶ちません。

今の普通の銀行では、絶対にあり得ないことです。「最も信頼できるシステム」という触れ込みの仮想通貨のシステムをまだまだ信頼できないと感じる人は、たくさんいます。

世の中には、次はどこに投資すれば一番いいかを知っている、お金をもっと増やす方法を知っていると豪語する経済の権威がたくさんいます。

ところが、そんな権威の多くが口にしていることが、そもそも違っていることがよくあるのです！

では、何を、あるいは誰を信用すればいいのでしょうか？

お金に関して、いざというとき、何をコントロールすればいいのでしょう。

おそらく、私たちがコントロールできるのは、**「お金に対する感情」**ではないでしょうか。

そして、その感情は、世間一般の不動産や株、金、あるいは仮想通貨市場といったものよりも、**裕福であることに対する私たちの感情**との関係が深いのです。

実際、お金って何？

確かに、お金の「形」がもっとシンプルだった時代がありました。わずか１５０年前、市場で何か買いたいときには、現金で支払うだけでした。当時は、紙幣と硬貨しかなかったのです。それが今では、小切手に銀行口座、クレジットカード、Apple Pay、ペイパル、さらに仮想通貨まであります。現代の私たちが食料品店で使うお金や、ウォール街で飛び交う電子マネーは、何世紀も前のお金とはかなり違うようです。

さほど遠くない昔、人々が自宅のマットレスの下やソファの間にへそくりを隠していた時代がありました（今でもタンス預金をしている人がいるかもしれません）。そういう人は、自分のへそくりを目で見て、手で触れて、それが間違いなくあることを確かめずにはいられなかったのです。

しかしながら、今のあなたが考えるお金は、象徴にすぎません。最近は、紙に印刷されたお金を目にしたり、触れたりすることも少なくなりました。自分のお金が本当にあることを確かめようと思ったら、携帯をクリックして、銀行の取引明細書を見るだけで事足ります。大半の人が、銀行の口座にお金を振り込んでもらい、お金を支払うときはクレジットカードを使います。まったく現金に触れずに、何日も、何週間も、あるいは何カ月も過ごすことは珍しくありません。アジア地域、特に中国では、財布を持ち歩く人のほうが少なくなりつつあります。すべての取引が、スマートフォンで簡単にできるからです。

同時に、何十億ものドルやユーロ、マルク、円が世界中で取引されています。私たちが毎日使うお金と、世界中を飛び交う電子マネーが同じものだと考えるのは難しいでしょう。今日では、1人のヘッジファンドマネジャーが、誰かの年収に相当する莫大な利益をわずか数分であげることができます。こうした話を聞くと、もう何が何だかわからなくなってしまいます。

あなたのお金は、どこにある？

お金について考えるとき、その概念は実のところ、とても曖昧《あいまい》です。あなたが銀行にあると思っているあなたのお金は、本当に銀行の支店に現物としてあるわけではありません。あなたが銀行にお金を預けると、銀行はそのお金をすぐに誰か他の人に貸すか、運用に回します。したがって、「物理的」には、あなたのお金はもう銀行にはありません。あるのはただ、あなたがスマートフォンで口座を見たときに目にする数字だけです。

この問題について、実験してみましょう。実験といっても、頭の中で想像するだけです。あなたは、自分がお金を持っていると思っているかもしれませんが、もしそれが錯覚だったらどうしますか？

実際に起きたら怖い話ですが、ある日取引明細書を見て、残高がゼロになっていたらどうしますか？

もちろん、自分では使っていません。ただ消えてしまったのです。銀行に電話をして、「私のお金はどこですか？」と聞いてみます。銀行の答えは、「お客様の口座には、残金はいっさいございません」という、ごく事務的なものになるでしょう。

そんなはずはないと思っても、どうすれば、あなたは証明できるでしょうか。

預金をしたという記録は持っていますか？　もちろんです。取引の履歴は持っていますか？　もちろんです。でも、もし銀行側が、そんなものはいっさい証拠にならないと突っぱねたらどうでしょう？

今度は、もっと楽しい想像をしてみましょう。

あなたが借りているお金について考えてみましょう。学生ローンやクレジットカードの借金、住宅ローン。きっとこうした借金をしている人は、それを重荷に感じていることだと思います。では、自分の当座や普通の預金口座にあったはずのお金が、ある種の錯覚だったと想像したように、あなたの抱えているローンや借金も錯覚だと想像してみましょう。ローンや借金が全部、きれいに消えたとしたらどうなるでしょうか。

私たちは、この手のお金が消える錯覚に関しては、自分のお金が消えるときのような不安はまったく感じません。不思議なことです。

もし、銀行の貸付のデータが消えてしまったとしたら、どう思いますか？　すべての借金がなくなって、小躍りしたくなるかもしれません。

大半の人は、自分たちが取引をしているシステムを信頼しています。銀行は、銀行口座に残高があれば、私たちのお金をすぐに返してくれると信じていますし、自分たちがある程度の借金を背負っていて、それを返さなければいけないことも信じて疑いません。

自分たちのお金が銀行にあることに安心し、返済しなければならない借金があることにストレスを感じるのです。

自分たちのお金がどこにあるのかがわかったところで、今度は自分自身に問いかけなければなりません。

本当のところ、お金はどこにあるのでしょう？

あなたのお金はどこへ行ったのでしょうか？

私たちは、いつまでも満足できない

私たちは、勉強し、一生懸命働き、生活費や税金を払っています。けれど毎月、月末に支払いを終えると、ほとんどの人の手元にはごくわずかなお金しか残りません。学生ローンに自動車のローン、クレジットカードの引き落とし、住宅ローンや家賃。これらはすべて、いつまでも続く、とてつもない重荷のように思えます。しかも、欲しいものを買う、長期の旅行に出るなんていう余裕など、ほとんどありません。

まさに踏んだり蹴ったりです。絶対手に入れたいと思うようなものの広告にも、至るところで責め立てられます。車を買ったばかりなのに、その最新モデルが出ると、がっかりしてしまいます。スマホも、いつも最新のものにしたくなります。友だちは外国旅行に行ったり、家族をディズニーランドに連れて行ったりしています。しかも一度ではなく、毎年のようにです。

幸せそうな家族やラブラブなカップルの写真がFacebookで流れて来るのを通勤途中に見るたびに、自分だけ取り残されたような気分になります。

今では、そんな「チャンスや楽しいことを逃すことへの不安」を表す「FOMO（フォモ）」という言葉まであります。近年は誰もがFOMOを抱えています。私たちをよりかっこよく、より美しく、あるいはよりお金持ちそうに見せてくれるのが、化粧クリームかドレスかスーツかはさておき、とにかく買わなければ、せっかくのチャンスを逃してしまう感じがするのです。

　こうなるともう、欲しいもののリストには、きりがありません。家を新たにリフォームしたり、新しい器具や新しい靴を買う、新しいことを経験する。年がら年中、新しいことだらけです。さまざまな広告やテレビ番組、友人たちからさえ、絶えず言われるのです。

「あなたの持っているものは、もう古くなっているよ」と。流行りのものを何も持っていなくても、私たちは死ぬことはありません。

　けれど、私たちの子どもたちは、そんなことを言っても、同意してくれないでしょう。子どもたちは、こんなことを言います。

「友だちの〇〇ちゃんは、買ってもらったんだよ、僕だって持ってなかったら死んじゃう。恥ずかしいよ」

　あるいは「あたし以外、みーんな〇〇（最新のファッションやバッグ）を持ってるのよ。持ってなかったら、あたし、仲間はずれだわ！　お願いよ、パパ、ママ、あたしも持っていいでしょ。私のこと大事じゃないの？」

そう言って、子どもたちは、言葉巧みに泣きついてきます。

最新のものを手に入れたがるのは、何も子どもだけではありません。次から次へと新しいものを買っては、自慢して回っている人間はどこにでもいます。そういう人に会ってから家に帰ると、つい思ってしまうのです。

「うーん、このスマホ（テレビ、時計、洋服、靴）、お気に入りだったけど、やっぱり安っぽいし、時代遅れだ。自分も新しいのを買わないと！」

そして、友だちが持っているものを買う余裕が自分にない場合、どうしていいかわからなくなり、不安や苛立ちを感じます。

私たちは、左うちわで人生を楽しんでいる（あるいは、そう私たちが勝手に思い込んでいる）、この上なく恵まれた人たちを見ると、つい腹が立ってきます。

「彼ら以上とは言わないまでも、同じくらいは懸命に働いてるよ！　自分もいいものを手にしたっておかしくないじゃないか!!」と文句を言います。そして1人つぶやくのです。

「こんなに頑張ってるのに、いつまで経っても満足できない……」と。

そうです。

満足できることは、決してありません。それは、いつでも、誰かしらが自分よりいいものを手にしているからです。

「不公平」と思ってしまうのは、なぜ？

私の娘がまだ幼かったころ、娘の教育のために、私は家族を連れて1年間ボストンに滞在したことがありました。当時、まだ英語があまり得意ではなかった娘が、ある日帰宅すると、一日中子どもたちが口にしていた言葉について、私に聞いてきました。

「パパ、みんながおんなじこと言ってたんだけど、どういう意味なの？」

それはどんな言葉なのかと、私は娘に尋ねました。娘は、他の子どもたちが一日中使っていた言葉を教えてくれました。

「不公平だ（ズルイ）！」

私は、その言葉を言うときの不満そうな表情と言葉に、つい笑ってしまいました。

そうです、ことお金と人生に関しては、世界中で日常的に「不公平だ！」という言葉を耳にしているような気がします。子どもたちは、自宅で親が言うのを聞くのでしょう。

「あいつが、うちよりお金持ちだなんて不公平だ！　俺がこんなに一生懸命働いてるのに、努力に対してあんなに少ししかお金がもらえないなんて、不公平じゃないか！」

すると、子どもたちは、自分が欲しい最新のゲームで遊んでいる友だちの家から帰ってきて言うのです。

「○○ちゃんは、あのゲームをもう持っているのに、自分が持ってないなんて、不公平だ！」

あるいは、

「あの子は、いつも休み時間になるといつもブランコで遊べるのに、自分は乗れないなんて、不公平だよ！」

子どもたちは先生に言いに行かずにはいられません。すると、先生は答えるのです。

「みんながブランコに乗れるだけの時間は、ちゃんとあるから大丈夫よ。順番を待ちましょうね」あるいは「他にも遊べるものはたくさんあるでしょ。さあ、探してみましょう」。

先生の言うことはもっともです。時間も十分にあるし、他にも遊べるものはたくさんあります。けれど、子どもたちにはそれが見えません。

見えるのは、自分たちが「持っていないもの」や、自分たちが「やっていないこと」だけです――。彼らの親が、自分たちの持っていないもの、やっていないことしか見えていないように。

これが、いわゆる「欠乏の神話」です。

欠乏の神話

世界中のあらゆるところで、人々は「自分が公平に扱われていない」と感じています。そして大半の人が、それは「ゼロサムゲーム（全体のプラスマイナスがゼロになる）」のせいだと信じています。誰かが何かを手にすれば、私たちはそれを手にできない、割りを食う、ということです。たくさんお金を持っている人がいれば、彼らは必然的に私たちのお金を奪っている、と信じているのです。

こんな考えを持つと、お金に対してネガティブな感情をたくさん抱いてしまいます。世の中の資源は限られていて、自分たちが欲しいときに自分たちが欲しいものを手に入れておかないと、誰か他の人にとられてしまう、と信じて疑わないのが、「欠乏意識」です。

いつでも欲しいものを手に入れようとして、自分の行動が他の人や社会の幸せにどんな影響を及ぼすかなど考えもしません。けれど、こんな考え方がいつまでも通用することなど決してないのです。何か欲しいものを手に入れたとしても、それで満足することなどないのですから。世の中には、もっと大きなものやもっといいもの、もっと欲しいものが次から次へとあふれてきていて、それを全部手にすることなどできません。お金を貯めては注ぎ込み、またさらに欲しくなるという、悪魔のサイクルにとらえられ、永遠に抜け出すことはできません。

こうした欠乏という考え方と、それがもたらす悲惨な結果について記されたすばらしい本があります。世界的な活動家で、パチャママ・アライアンスの創設者でもある、私の友人リン・トゥイストの書いた『人類最大の秘密の扉を開く：ソウル・オブ・マネー：世界をまるっきり変えてしまう《お金とあなたの関係》』（ヒカルランド）です。リンは、その知性と、これまでの功績によって、世界中から評価されています。彼女は、世界中から飢餓をなくし、女性の権利を守ろうと助力し、すべての人が誠実で寛大で豊かに生きられるよう力を尽くしているのです。彼女はこう書いています。

「この心のうちにある欠乏、この欠乏という考え方は、まさに私たちの嫉妬と欲と偏見と自己主張の中心にあるものです」

すべての自己主張、すべての偏見、すべてのちょっとした行き違いが、「自分の持っていないものを誰か他の人は持っている」という考えをもたらします。それこそがまさに欠乏の中心をなすものです。したがって、嫉妬や不安、欲、偏見に打ち勝つには、欠乏という考え――「不公平」という考えをなくさなければなりません。

私の娘が一日中「不公平」という言葉を耳にしていたのは、いついかなるときも、子どもたちが自分の持っていないものややらないことを探し求めていたからです。お人形を欲しがった子どもは、晴れてお人形を手にしたことでしょう。けれど、その子どもがお人形で遊んでいる一方で、お人形ばかりか、お人形用のベビーカーも手にした子どももいるに違いありません。

お金のせいで苦しんだこと

お金のせいで、どれだけの夢や結婚が敗れたことでしょう。

どれほど悩んだことでしょう。

しかも、必要以上に、です。

私のセミナーでは、参加者に子どものころに経験したお金にまつわるストレスについて話してもらう時間をつくっています。

必ず出るのが、「バレエを習いたかったのに、お金がないからダメと母親に言われた」といった答えです。バレエの他にも、野球、サッカー、体操、アイススケート、ダンスなど、子どものころに夢見た習い事はたくさんありますが、どんな形にせよ、この手の話は誰もが耳にしているといってもいいのではないでしょうか。

こうした話と同じくらい理解しがたい話ですが、中には、子どものころ、親から直接、「うちはとっても貧乏だから」と言われた人たちがいます。でもそういう人たちは、自分のことを運がいいと思うべきです。確かに今は、お金を恨んでいるかもしれませんが、少なくとも、両親の金銭トラブルのせいでいつまでも自分を責めることはないのですから。

けれど、両親が貧乏なのは自分のせいのように感じて、必要もないのに苦しんでいるかわいそうな子どもたちもいるのです。

たとえば、そういう子どもの親は、「子どもを養うのに、ものすごくお金がかかる」とこぼしています。「お前たちに金がかかんなきゃ、うちはもっと余裕があるのに」とまで口にする親さえいます。そして、受動的攻撃行動に出て、もっと子どもを傷つける親がいます。こうした親は、自分たちの経済状況に対する負い目や怒りから、子どもに言い放つのです。

「お前がホッケーを習えないのは、何をやっても決まって途中で投げ出すからだ」

もっとひどい場合は、「お前には才能がないんだから、習うのはお金の無駄だ」といったことを言う親もいます。

こんなことを言われた子どもはどう思うでしょうか。

「僕って、金食い虫なんだ……」

子どもが胸を痛め、こんなふうに事実を曲解してしまうのは、両親が「意図して」というよりも、むしろ両親の精神的な問題から意図せずしてそうさせてしまった場合のほうがはるかに多いのですが、結果は同じです。こういう親に育てられる子どもは、お金をつらさや苦しみと結びつけて考えます。そして、その考えを胸に刻みつけ、「苦しみの原因は、自分にある」と信じてしまいます。まさにこれが、トラウマです。

お金にまつわる心の古傷を探し出す

お金は、あなたがやりたいことを何でもできるように力を貸してくれると思いますか？

それとも、いつもあなたの行く手を阻《はば》む存在でしょうか。

お金のせいで、夢見たプロジェクトが始められなかったり、やりたくもない仕事を嫌々続けていますか？

お金が好きですか？

お金に好かれていますか？

お金にまつわる悲しいエピソードは、何かありますか？

お金について、気がつけばご両親と同じようなことを言っていることはありますか？

たとえば、あなたは、知らないうちに言っているかもしれません。「ちっとも足りない。もっとあればいいのに。こんなに一生懸命働いてるのに、少しも楽にならない」

すでにお話ししてきたように、お金にはさまざまな形がありますが、形としては単なる「モノ」です。なのに、私たちはいろんな感情をお金に投影します。

私は、いささかお金に同情しています。なぜなら、簡単に恨みや嫉妬をぶつけられるし、人間がしでかす悪事もすべて、お金が悪いせいにされるからです。

けれど、問題はお金ではありません。

問題は、私たち自身です。

「お金は安全なものだ」と言う人もいれば、「いつ何時、あなたの心をズタズタにするかもしれない怪物だ」と言う人もいます。また、いまだに「自由の象徴だ」と言ったり、あなたの上司や両親や家族が「あなたを支配しようとする気持ちを体現したものだ」と言う人もいます。

自分がどんな感情をお金に投影しているのかを確かめることで、あなた自身の心の古傷を意識することができます。そして、それができれば、お金をお金としてきちんと見ることができるでしょう。

お金をお金として見るのは、なぜこんなにも難しいのでしょうか。そうなるまでには、いろんなことを理解し、自分を省みる必要があるからです。

つまり、これは、お金に対してあなた自身がどう思っているのかを深く掘り下げて明らかにし、自分がお金に対してどんな観念を持っているか見ていくことです。また、最終的には、あなたにとってお金とは何かを決める、ということを意味するのです。

お金が持つ3つの機能

お金とは何なのか、お金の意味がよくわからなくなってしまうのは、感情が密接にかかわってくるからです。お金が絡むと、イライラしたり、いいように利用されていると感じるかもしれません。「人生は不公平だ」という思いを抱きます。「自分には価値がない」と思い、打ちひしがれます。他の人のほうが、自分よりもたくさん持っていると思います。

こうしたいろんな感情は、お金の持つさまざまな役割によって引き起こされます。お金の主な機能は3つです。

①取引の機能

この役割は、大半の人がおわかりでしょう。

私たちは、お金と何かを引き換えます。それは食べ物かもしれませんし、列車の切符や、1時間分のマッサージかもしれません。

この取引の役割は、お金に力を与えます。なぜなら、いったんお金を手にすると、何でも引き換えられるような気がするからです。私たちはもともと、生きていくために食べ物や服、住むところがなければならず、それらを手に入れるための手段が必要になってきます。それがお金です。必要なものを手に入れるだけの十分なお金がないと、不安になります。自分や家族の命が危険にさらされているような気持ちになり、お金にまつわるすべてのこと――お金を稼ぐことも、お金を使うことも――がストレスになるのです。

②備蓄の機能

人々がお金をずっと大事に持っていたいと思うもう1つの理由は、お金の価値を、ひいてはそれを持っている自分たちの価値を、いつまでも大事に守りたいからです。たとえば、石器時代の人たちは巨大なマンモスを狩りました。もしも、仕留めたマンモスの肉をすべて食べきれず、残った肉を保存しておく方法を考えつかなければ、肉は腐ってしまいます。何カ月にもわたって獲物を追ってきた苦労や努力もすべて無駄になってしまうでしょう。

自分たちの苦労や努力のすばらしい成果を残しておくために、彼らは肉を備蓄したり、交換したりしなければならなかったのです。同じことは、私たちにも当てはまります。

私たちも、自分の働きを無駄にしたくはありません。その価値をしっかりと守りたいと願います。1週間懸命に働いたあとは、それだけのお金が銀行に入っていることを期待します。何年もコツコツと真面目に働いたあとは、貯金が増えているのを期待します。つまり、自分のライフワークに見合ったものが欲しいのです。そこに何らかの意味を見いだしたいのです。何週間も何年も懸命に働いたあとで、それに見合ったものが何もなければ、がっかりして落ち込み、自分の人生には意味などないような気がするでしょう。私たちは、自分の人生の価値と自分の財産の価値を同じものと考えるのです。

③増大の機能

これこそ資本主義の核です。お金を預ければ、利息がつきます。投資をすれば、生き物のように成長します。より多くのお金を持っている人は、より多くのお金を手にします。だからお金持ちはますますお金持ちになる。こうした考えに、大半の人は面食らい、訳がわからなくなります。なぜなら、お金を持っていなければ、どんなに一生懸命働いたり努力しても、成功にはまずつながらないからです。虚しさを感じることもあるでしょう。月末が来るたびに、諸々の支払いを済ませるともう、投資に回せるお金など残っていなければ、財産を増やすための十分なお金をいったいどうやって工面すればいいというのでしょう。

私たちは、お金の担っている役割のせいで、お金のゲームを始める前からもう、自信をなくしてしまったり、形勢が不利だと思ってしまうことがありますが、その理由は簡単です。けれど、たとえ本当にそんなふうに思ったとしても「もっとお金を稼ぎたい」、あるいは「お金が欲しい」という気持ちを止めることはできません。

では、お金がこんなにも厄介なものなら、そもそもどうして私たちはそうまでしてもっとお金を欲しがるのでしょう。

人々がお金を欲しがる６つの理由

誰もがもっとたくさんのお金を求めています。「一番欲しいものは何ですか？」と手当たり次第に聞いてみたら、たいていの人が「お金」と答えるでしょう。使い道は、あとで具体的に考えようというわけです。

でも、どうして私たちは、そんなにもお金を欲しがるのでしょう。絶えずお金が必要だと私たちに思わせ続けているもの、私たちを根本から突き動かしているものは何なのでしょう？

なぜお金を欲しいと思うのか、その心の働きを客観的に考えることができるようになれば、自分が必要としているものと今まで以上にしっかりとかかわれるようになり、お金にまつわるストレスは感じなくなっていくでしょう。

これこそが、お金の支配から逃れられる方法です。

なぜ人々がお金を欲しがるのか、その理由を、私は長年にわたってたくさん見てきました。そして、そこにはいくつか、はっきりとしたパターンがあることに気づいたのです。そのパターンを、「人々がお金を欲しがる6つの理由」としてお話ししていこうと思います。

お金が欲しいときには、必ずそう思う気持ちがあります。けれど、そんな自分の心の中にある気持ちを見ないと、自分が本当に必要なものを理解することのないままお金を手に入れようとする悪循環に陥りかねません。

【理由1】基本的な生活を維持するため

誰にも住むところと着るもの、それに食べるもの、そしてそれを料理する手段が必要です。昔は、豊かな農地や森を拠り所として暮らしていましたが、今は、必要なものを供してくれるのはお金です。なぜ働くのかと聞かれれば、大半の人が答えるでしょう、「テーブルに食べ物を並べるため」だと。でも、生きていくのに、最低限、何が必要かは、本当にわかっていません。

十分な給料を手にしていながら、食卓に食べるものを並べ、雨露をしのぐだけでやっとだといつも思っている人たちを大勢目にしてきました。そういう人たちのお金の使い方を見てみると、身の丈ギリギリの家を買い、高いお金を払ってローンで新車を買い、手持ちのお金のほとんどを食べ物と娯楽に費やしていました。また自宅には、たいてい不要なものがあふれていました。

問題は、人々が「お金＝生きること」と考えている点です。だから、何かが必要だと感じると、いつでも衝動的にお金を頼り、それで何かを買うのです。

【理由２】力を手に入れるため

お金はよく、人を意のままに操れる力があると言われます。だから、お金持ちには力があると考えるのも当然でしょう。

でも、力を持ったからといって、何でも意のままにできるわけでもなければ、幸せでもないのです。こんなふうにお金と力を一緒くたに考えてしまうと、思うがままに生きたいという欲望が満たされることは決してありませんし、いつも力が足りない、ひいてはお金が足りないという思いにとらわれたままになってしまいます。かと思えば、いつもたくさんお金を持っている人がいるように、いつも強大な力を持っている人もいます。この退廃的で、一度手にしたら離せなくなる力は、ありとあらゆるネガティブな感情をもたらすため、日々の暮らしの中で本当の幸せを感じられなくなってしまうでしょう。

時々、野心に満ちあふれた若者に会うことがあります。彼らは、いかにして企業帝国を築き、世界長者番付に載るかを語ります。でも彼らには、たとえ豊かな富がある程度の力をもたらしはしても、お金は優れた人格や信用、本当の愛といったものに取って代わることなどできないことが、わからないのです。

お金だけで人の心をつかむことは、決してできません。ビジネスの場や社会では力があっても、ごく親しい人たちの中に入ったり、自分自身の心と向き合うと手も足も出なくなってしまう人たちを、私はたくさん見てきました。

【理由3】他の人たちを見返すため

お金持ちであっても貧しい人であっても、誰もが時に、他の人からひどい目に遭わされたと思うことがあります。貧しい人なら、特別な楽しみを奪われたと思い、お金持ちなら、同じようにお金持ちの人たちから、バカにされたり、仲間外れにされたと思います。社会からないがしろにされていると思う人たちは、お金を、自分たちを遠ざけたり、苦しめたりした相手への復讐《ふくしゅう》の手段として考えたくなるのです。

けれど、**自分を傷つける相手は、実は自分の頭の中にいます。本当に自分を非難しているのは、自分自身なのです。**なのに、他の人と張り合うためにものを買います。実際には、自分と競っている人など誰もいないことがわからないままで。ものすごく高価なものを買える余裕のない人たちでさえ、形あるものを使って、他の人よりも自分のほうがすごいとひけらかすことに躍起になる場合があります。とはいえ、それも、ごくごく仲間内だけでの話です。

成り上がりの大金持ちの中には、自分の富をひけらかすことで、自信のなさを隠そうとする人もいますが、いくらお金を儲けたり使ったりしたところで、そういう人の自信は決して回復しません。いつまで経っても、他の人から見下されている気がしたり、陰口を叩かれていると思っているのです。

【理由4】自由を見つけるため

お金で自由が買えると考える人たちがいます。自由と聞いて普通想像するのは、仕事もする必要がなく、世界中どこへでも行けて、自分が望むことが何でもできる人生でしょう。そして、そんなふうに自由に生きるには、ものすごくたくさんお金が必要です。

けれど、自由はお金では買えません。たとえ世界中のお金を持っていたとしても、あなたの心が自由でなければ、その富の本当の価値を生かすことはできないのです。今この瞬間に自由を見いだせなければ、宝くじに当たったり、莫大な遺産を相続したとしても、必ずまた、今と同じ気持ちに戻ってしまうでしょう。

お金を使えば、一時的に幸せだと感じられるものを買うことはできます。けれど、心の底から満足できなければ、本当の自由はあなたの手からするりと逃げていくのです。

実は、多くの人が、自覚しているよりも自由やチャンスを手にしています。けれど、「自分のささやかな預金の分しか自由はない」と思い込んでいるなら、幸せをつかむことはできないでしょう。給料の高い仕事をしたり、大きな契約をとったり、宝くじに当たったりすることが自由への道ではありません。自由を手にするのに、おそらく今以上の預金額は必要ないでしょう。

【理由5】愛情や注目を得るため

お金で愛情や注目を集めることはできますが、お金を通して手にした人間関係はとてももろく、しょせんは表面的なものにすぎません。お金がなくなれば、愛情も尊敬も友情もなくなります。それに、たとえお金で愛情を集めることはできても、逆効果をもたらすこともよくあるのです。お金をひけらかしたり、「自分は裕福なんだから、特別扱いされて当然だ」などと考える人は、たいてい嫌われます。要するに、お金さえあれば、あるいはお金さえ大事にすれば、人は幸せに暮らせるわけではないのです。

お金で愛情を手にしようとすれば、あなたにまつわる価値はすべて、あなたがいくらお金を持っているかに基づいて決めることになります。それですごいと思う人も中にはいますが、たいていの人は、お金をたくさん持っているかどうかより、友情に厚いか、愛情深いかでその人の価値を見極めていくものです。だから、深い人間関係ができなければ、あなたの自尊心は傷つきます。そして、どんなにお金を持っていようと、傷ついた自尊心を癒すことはできないのです。

このような場合、人は、自分の友人に対して被害妄想を抱くようになることがよくあります。「みんなが自分のまわりにいるのは、自分にお金があるからにすぎないんだ」と考えます。けれど、彼らが尊敬や友情を得るためにそもそも利用したのがお金なのです。

【理由6】愛情や感謝の気持ちを伝えるため

お金はニュートラルなエネルギーにすぎません――恨みや怒りを込めて使えば、相手を傷つけることもありますが、愛情や思いやりを込めれば、相手のプラスになります。お金は、私たちの気持ちや態度を伝える手段です。

みんながお金を欲しがるもう1つの理由は、日々の生活の中で感じる愛情や感謝の気持ちを相手に伝えたいからです。これは、お金を貯めるための理想的な理由ですが、実はここにも、注意すべき点があります。

たくさんお金を持っていないからといって、「愛情やお礼の気持ちを伝えることができない」とは思わないでください。私たちは、高価なプレゼントをもらったときにワクワクしますが、本当に心を動かされるのは、贈り物に込められた誠意や気持ちに対してでしょう。どれだけの愛情を込められるかは、贈り物の大きさや値段と比例するわけではありません。大切なのは、心と心のつながりであり、相手への深い愛情です。

ポジティブな人間関係に伴うエネルギーは、あなたのお金をHappy Moneyに変えます。そのお金は利回りの高いHappy Moneyといえるでしょう。あなたが投資する相手は、たくさんお金を生み出し、それが回り回ってあなたのもとにはさらなるお金が戻ってきます。

大事なのは、お金がどうやって行動を促すか、です。


今のあなたは、自分が持っているお金に、どれくらい満足していますか？

お金のことを考えるとき、幸せいっぱい、エネルギッシュに感じますか？

あるいは、お金のことを考えるとイライラしたり、落ち込みますか？

先ほど挙げた６つの理由の中で思い当たるものがあり、それが今のお金との関係やお金に対する考えに何か影響を及ぼしていると思いますか？


ここで、少しお話ししたいことがあります。あなたがお金をいくら持っているか、どれくらい稼ぐかは、問題ではありません。あなたがどれだけの富を手にすることができるか、それを決めるのは、お金に対するあなたの感情なのです。

お金に対する態度が不健全だったり、ネガティブな感情を抱いていれば、どんなに預金があろうとも、お金との関係やお金に対する気持ちが変わることはないでしょう。

あなたの財布には、どんなお金が入っていますか?

もし本当にHappy MoneyとUnhappy Moneyがあるなら、あなたが持ち歩いているのはどちらのお金でしょう?

謎の財布女性が私にしたように、あなたも自分の財布の中身を確かめてみてください。文字どおりお金の笑顔は見られないとしても、お金が笑っているかどうかは、だいたいわかるのではないでしょうか。

あなたが自分の仕事や人生に満足しているなら、あなたのお金も財布の中で笑顔になっているはずです。

仕事が嫌いだったり、人生に対していつも何かしら不満を抱えていれば、あなたのお金も財布の中で泣いているか、怒っています。

誰しも、自分のお金にはニコニコしていてもらいたいと思います。そこで、もしお金が笑っていないと思ったら、自分に問いかけてみる必要があります。

「自分の人生で、いったい、何が問題なのだろう?」

あなたは、自分の稼ぐ金額や、資産に満足していないのかもしれません。自分が一生懸命働いているのに、パートナーが感謝してくれず、稼ぎが少ないと文句ばかり言っていると思っているのかもしれません。

お金が人だとしたら、どんな性格でしょうか？

もし、お金が人だったとしたら、いろんな性格が考えられます。あなたのお金はどんな人にたとえられるでしょう。

優しくて親切な人ですか？　それとも、意地悪で無愛想でしょうか？

あなたがこれまでに経験してきたことを思い出してみてください。「お金は残酷なエネルギーで、自分から多くのチャンスを奪いかねないものだ」と言う人もいます。「お金は、自分がこれまでに必要だったものを全部与えてくれた」と言う人もいます。

おそらくお金は、これまでにも何度か、サプライズをしてくれたこともあるでしょう。それは、あなたのおじいさんやおばあさんからだったり、奨学金、財団からの寄付金、あるいは、予想外のボーナスだったかもしれません。

お金がいつでも親切な人なら、あなたはこの先もお金に困ることはないと信じて疑うことはなく、安心していられるでしょう。

そういう人は、裕福ではないかもしれませんが、見るからに「幸せ」そうです。すべてがうまく回っています。明るい未来を想像することも、そう難しくありません。

けれど、お金に関していい経験をしたことのない人たちにとっては、残念ながら、人生は不公平なものに感じているかもしれません。これまでも、何をするにせよ簡単にはいかなかったことでしょう。でも、安心してください、今までうまくいかなかったからといって、これからもずっとそうだとか、人生を変えることはできないとか、お金に対する気持ちを変えることはできないなどということはありませんから。

お金は、嫌なものになることもありますが、いいもの――それもものすごくいいものにもなり得るのです。なぜお金は人によってそんなに違うのか、不思議に思うかもしれません。大学の学費を援助してくれる両親がいて、必要なものがいつでも揃っている人もいれば、食卓に食べ物を並べるのさえ大変な人がいるのはなぜなのかと、不思議に思っているかもしれません。

「お金は、置かれた環境や誰の手にあるかによって、性格を変える」と、私は考えています。したがって、あなたが不安を抱えていれば、お金にもその思いが投影されます。すると、お金はあなたの役に立つ友人ではなくなるのです。あなたが幸せなら、お金はさらに幸せなエネルギーを発揮します。そしていつも、あなたのそばにいてくれるでしょう。

もしもあなたのお金が、お金の欠乏に苦しむ人たちのようなネガティブな考えや態度に何世代にもわたって汚され続けていたら、あなたは決して十分なお金を手にすることはできません。そして、それを変えるには、当然のことながら、自分が稼いだり、受け取ったり、渡したりするお金のエネルギーを変えなければならないのです。

お金で幸せは買えるのか

「お金で幸せは買えない」というのは、よく耳にする言葉です。

この言葉が本当なら、もっとお金を稼ごうと必死になる人たちがたくさんいるのは、なぜなのでしょう。彼らは、不幸になりたいのでしょうか。どうしてこんなにも多くの人が、しゃにむにお金を求めるのでしょう。中には、犯罪に手を染めてまで、もっとお金を得ようとする人すらいますが、それはなぜなのでしょうか。

言うまでもありませんが、お金があれば、いろいろといいことがあります。5歳の子どもに欲しいものを聞くと、たいていはキャンディやオモチャといった具体的な答えが返ってきます。ところが、10歳ぐらいの子どもに聞くと、違う答えになります。

「お金がいい！　何を買うかは、あとで決めるから！」

子どもたちでさえ、「お金は、奇跡を起こせる魔法の杖みたいなものだ」ということをもう知っているのです。

でも、同時に、お金で幸せは買えないこともわかっています。

きっと、お金があれば幸せは買えるんだと信じることで、お金がない自分を慰めたいのでしょう。そして、実際に、お金があるだけでは、幸せになれません。

ところが、友だちが宝くじに当たったとか、遠い親戚から遺産をもらったなどと聞くと、嫉妬に苛《さいな》まれます。そんな話を聞くまでは心穏やかだったのに、誰かが何かを手にしたのに自分は手にしていないことを知った途端、もう「穏やか」ではいられなくなります。だから「お金で幸せは買えない」と言って、自分の置かれた苦しい現実——数字選択式宝くじの大当たりも出ない現実を、多少とも受け入れようとするのです。

幸せとお金に臨む禅の心

禅の心で幸せに向き合えば、何をするか、どれくらい価値があるか、何を持っているか、といった点からではなく、「何者なのか」という点から、自分について考えていくことができるようになります。

私たちは、いったい何者なのでしょう。もちろん、まず、人間です。そして、人間としての目的は、「生きる」こと。では、生きるとはどういうことでしょう。それは、「今この瞬間に存在している」ということです。それは、この上なく幸せなことであり、心と体が同時に同じ場所にあることを意味しています。あなたが今この瞬間に存在しているなら、過去――自分が犯した間違いや抱えてきた問題、自分に加えられた危害や、それに腹を立てたことなど――に心をとらわれてはいません。

あなたが今この瞬間に存在しているなら、未来――思いもしない結果や、うまくいかないかもしれないこと、失敗するんじゃないかという不安――に心をわずらわせることもありません。未来のことに心をわずらわせていないなら、おどおどすることもなく、ストレスも感じなくて済むでしょう。

私たちが、お金に対してストレスや不安、心細さを感じるのは、かつて自分の間違いや自分に加えられた危害のことを根に持ち、未来に対して心配してしまうからです。**こうしたネガティブな考え方に引きずられるままにしていると、私たち自身の過去や未来に、今この瞬間の幸せを奪われてしまいます。**

幸せは、人の心の中からしか生まれてきません。だから私たちは、お金で幸せが買えないのはもっともだと思うのです。どうやっても、幸せは買えないのです。けれど、断言しましょう。今この瞬間に存在することも、過去の出来事に対する怒りや、未来への不安にとらわれないようにすることも、もっとずっと簡単にできるのです。お金に、自分の人生をどうしようもないほど支配されさえしなければ。

私は、さまざまな本の執筆にあたって、たくさんの人にインタビューしてきました。取材相手の全員が、必ずしも経済的にとても恵まれていたわけではありません。けれど、彼らへのインタビューを終えた私は、1つの結論に達しました。

「お金で幸せは買えない。しかし、お金があれば、間違いなく、人生におけるある種の問題を取り除いてはくれる」

言い換えるなら、不安やストレスが少なければ少ないほど、今この瞬間に「存在する」ための時間が増えるのです。

お金があれば、月末にきちんと支払いができるかをずっと心配する必要はありません。友だちにご飯をご馳走することもできます。パートナーになるかもしれない相手に、贈り物をすることもできるでしょう。

お金は間違いなく、力を貸してくれます。ただし、お金がなければ絶対幸せになれないわけではありません。人の稼ぐ額と幸せとの関係について、さまざまな研究がなされています。いずれの研究でも、人々の幸せのレベルは、収入が上がるにつれて上がることが示されていますが、それも年収約800万円が上限です。それを超えると、どんなに収入が増えても、幸せのレベルはあまり上がりません。よりたくさんのお金が人生にもたらしてくれる喜びに比べて、お金にまつわるストレスがより多くなってくるからです。

お金を多く持っていなくても、幸せな人たち

この話をニューヨークや東京などの大都市でするると、同じ反応が返ってきます。みんな言います。「そんな少ない金額で、幸せに暮らせるわけがない」

確かに、一理あります。住む場所によって、生活にかかるお金は変わってくるからです。けれど、たくさんお金を手にしたからといって、幸せが保証されるわけではありません。それを、ぜひとも覚えておいてください。

では、年収が800万円に達しない人たちはどうなのだろうと思われるかもしれません。実は、家計が火の車にもかかわらず、幸せな人たちを私は知っています。彼らはどうして幸せなのでしょう。それは、お金との関係が良好だからです。しかもこうした関係は、誰

もが築けるのです。彼らは、お金を頼りに、見栄を張ったりはしません。未来や、自分ではどうにもできないことを考えて、イライラすることもありません。欠乏の神話も信じません。いざというときには、とりあえず必要なだけのお金がちゃんとあることを知っています。だからといって、お金で幸せを「買えない」という俗説を鵜呑《うの》みにもしません。自分がどこにいようと、何をしようとこだわりません。より大きな家や派手な車を手にすれば、いつのまにか魔法のように自分たちの生活が変わり、ありとあらゆる問題が消えてなくなるなどと夢見ることもありません。

自分の幸せについて、独自の考えを持っています。お金は、彼らをあごで使ったり、意のままにしたりはしません。彼らがお金を意のままに使うのです。

何より大事なのは、彼らがお金を怖れていないことです。

誰がお金を怖れるのでしょう?

実は、あなたが思っているよりもたくさんの人が怖れているのです。

愛か怖れか——あなたとお金の関係

以前、私はジェラルド・G・ジャンポルスキー博士のベストセラーを翻訳したことがあります。それが『愛とは、怖れを手ばなすこと』（サンマーク出版）というタイトルの本です。そこで博士は、コミュニケーションには2つの種類があると主張しています。

愛と怖れです。

お金に対する向き合い方にも2つの種類があります。

それがお金に対する愛か、お金に対する怖れです。

あなたがお金を稼いで使うとき、そこには愛か怖れがあります。

たとえば、私たちはいつも、お金の心配をしています。万一のときに、手持ちのお金が足りなかったら……と心配です。お金をなくしたらどうしよう。自分よりも他の人のほうがたくさんお金を持っていたらどうしたらいいんだろう。他の人のほうがたくさんお金を稼いでいれば、その分自分が稼いだり手にできるお金が減るんじゃないだろうか。失業するかも。そんなことになったら、どうやって諸々の支払いをすればいいんだろう。

お金を使うときですら、怖れがあります。

むやみに、あるいは適当にお金を使っていたら、そのうちお金が足りなくなってしまうんじゃないだろうか――。

お金を使うときにも、また、プレッシャーを感じます。この買い物は、失敗じゃないよね？　騙されたらどうしよう。余計なものを買って、すぐに飽きたら？　これを買ってしまったら、あとで何か買いたくなったときに、お金が足りなくなるんじゃないだろうか。私たちの多くが、何かを決断する際、気づきもしないままに、こうした怖れを紛れ込ませてしまいます。確かに、やむを得ないことではありません。こうした怖れの中には理にかなったものもあり、怖れるだけの理由があるからです。

怖れは、あなたの生存本能と関係があります。お金に関して、何か取り返しのつかないことをしてしまえば、住む場所も、食べるものも、着るものも手に入らなくなります。生まれつき、他の人よりも怖れに敏感な人もいれば、お金との関係がネガティブだったり、怖れがベースになっている両親や親戚の影響を受けて、だんだんと怖れを抱くようになっていった人もいます。かと思えば、まったく怖れを抱いていない人もいます。そういう人たちは、お金がなくなるなどとは、チラリとも考えないようです。

私たちは小さいころから、お金を「正しく使う」ように、教えられます。両親も、何をもって正しいとするのかはわからないまま、ひたすらそう言い続けてきました。お金を何に使ったのか、どうして足りなくなったのか、いかにだらしなく扱ったのか――などなど、お金に関してはいろいろと叱られたことでしょう。こうした怖れを、私たちは大人になっても引きずっているのです。そうとは気づきもしないままに、あるいは、自分がいかに怖れながらお金を使っているかを自覚しないままに。

残念ながら、私たちの現在の経済のシステムは、怖れがベースになっています。それは、私たちの社会が怖れがベースでできているからです。教育システムや職場、そしてひょっとしたら家庭生活も……。

私たちは、間違ったことをしたり、責められるのをとても怖れています。自分の持っていないものを他の人が持っていることを怖れます。だから私たちは、欲深くなります。お金が欲しかったり、足りないことを怖れて、分不相応なものを手にし、分不相応に使います。自分の子どもが他の子どもに先んじられ、優位に立たれるのを怖れて、お金のかかる私立校に行かせ、公立校のために税金を支払うことに文句を言います。

こっぴどく叱らなければならないほど素行が悪かったり、恥ずかしい思いをさせられるのを怖れて、子どもを抑えつけます。

こんなにもたくさんの人が、お金に対して怖れを抱くのは、ある意味で普通のことでしょう。ごく自然な、感情的な反応なのですから。自分の心の声にしっかりと耳を傾ければわかるはずです、家庭や職場、コミュニティなど、どこであれ、あなたの行動の裏には怖れがあるということが。

お金と、愛のある、豊かな関係を築くとはどういうことか

怖れの反対は、愛です。愛情を抱くには、怖れ――何かが自分を傷つけるのではないか、自分のもとからいなくなってしまうのではないかといった怖れを抱かないことです。愛情を抱くには、あなたが誰を愛するにせよ、その人がいつもそばにいてくれると、心の底から信じなければなりません。ほとんどの親が、自分の子どもを愛していると言いますが、その愛情は、怖れという形で表現される場合があります。

不安や心配から、子どもが新しいことをしようとするのを引き止めるのを愛だと勘違いするのです。お金のことが心配で、子どもがそのキャリアや人間関係の中で一か八かやってみるのを黙って見ていることができません。怖れは、どこから見ても、どう聞いても、どう考えても、〝足かせ〟のようです。

対して愛情は、その反対と言えるでしょう。愛は、相手のことを「無条件で受け入れる」ものです。万事うまくいくと信じてあげるのです。

かといって、盲信するわけではありません。今やろうとしていることがうまくいかなく

ても、「きっと、幸せを見いだすことができる」という信頼なのです。

その愛があれば、自分を解き放てるような気がします。

まさに、今この瞬間に「存在している」感じです――過去への怒りも、未来への不安もありません。今、ここにいることがとても幸せです。うれしくてたまりません。自分が手にしているすべてのものに心から感謝します。感謝のあるところには、喜びとやる気が生まれます。そして、喜びやる気が、あなたを幸せにしてくれるのです。

「お金との愛ある関係」を築いて生きる

お金との間に、心配もなければストレスもない関係を築く。それがどんな感じなのか、ほとんどの人は想像もつかないと思います。

「お金とともに心穏やかに暮らすことは可能だ」と想像してみてください。

お金に「愛情を持って」暮らしている人たちは、自分が愛着を持てる仕事を「しながら」、十分なお金を稼いでいます。事実、彼らはよく口にするのです、「もう十分だ」とか「必要なものは全部あります」と。お金持ちではないかもしれませんが、本当に必要なものは、すべて揃っているのです。彼らは、自分が愛情を持っているものを人生の真ん中に置いています。経済的に満足しているので、日々の生活の中で、お金に対してストレスを感じることがないのです。

彼らは、レストランやお店に行っても、値段ではなく、自分の好みで選びます。だからといって、いつも高いものばかり買っているわけではありません。ただ、自分が好きなものを選んでいるだけです。自分が本当に欲しいものを知っているので、やたらといろんなものを買い込むことも、高価なものやブランド品を買うこともありません。その品物が妥当かどうかを決めるのに、他の人のことなど気にも留めていないからです。彼らはもう、自分に満足しています。これがありのままの自分、なりたい自分なのですから。

そんな彼らですから、他者との間にも信頼できる関係を築いています。付き合うのは、自分の好きな人たちです。

わざわざ自分を曲げたり、相手の関心を引いてまで付き合うことはしません。自分たちの関心を引こうとする相手にも特に合わせません。家族との関係も良好で、一緒に充実した時間を過ごしています。余分なお金を稼ぐために、あくせく働いていないからです。彼らもお金のストレスを感じることはありますが、そんなときはこんなふうに考えるのです。

「こういうこともたまにはあるさ。だけどいつだって乗り越えられる。なんとかなるよ」

彼らは、ストレスの発散法を知っています。また、「何か悪いことが起こるんじゃないか」という怖れから、物事を意のままにしようともしません。お金に関して怖れを感じても、それが現実か否かを見極めることができます。

結局彼らは、お金との向き合い方を自分で決めているのです。意識して、そしてまた無意識のうちにも、慎重にお金と向き合います。ある意味では、禅の心のように落ち着いて臨んでいると言えるでしょう。

私たちも、お金や自分の人生との向き合い方を自分で決めることができます。

では、具体的にどうすればいいのでしょう?

まずは、感謝の心を持つことです。満たされることなど、絶対にないと決めつけるのではなく、こんなふうに考えるようにしてはどうでしょう。

「私は自分が必要とするものをすべて持っているし、そのすべてに心から感謝している。自分の仕事、自分の食べるもの、自分の運転する車、そして自分が手にするすべてのお金に感謝している」

お金が自分のところにやってきたら、「ありがとう」。そして、お金が手元を離れていくときにも、同じように「ありがとう」と言ってみましょう。お金がどんなに役に立ってくれたかや、今あなたにもたらしてくれているものに感謝するのです。

どんなことがあっても、感謝の言葉を口にしましょう。

「ありがとう」の言葉にはすごい力があります。あなたがお金との関係を変えていけるよう、力を貸してくれるでしょう。お金との関係を変えていけばいくほど、ストレスは減っていきます。そして、よりたくさんの幸せがあなたのもとに――さらにはあなたのお金のもとにも訪れるでしょう。すると、あなたの財布の中にあった、不幸な顔をしたお金があっという間にニコニコ笑い、Happy Money へと変わっていく様子が、いとも簡単にわかるようになるはずです。

第2章

お金のIQと
お金のEQ

本物の成功者とは？

20代前半のころ、私は、タイトルに「お金」「投資」「ビジネス」「成功」と入っている本を片っ端から読み、お金やビジネスについて、熱心に研究するようになっていました。著名なビジネスパーソンの講演会に参加しては、自分を印象づけるために興味深い質問をしました。講演後、「お話とても感動しました。私を弟子かアシスタントにしてください！」とお礼状をすぐに彼らに送りました。

ご想像のとおり、最初はなかなかうまくいきませんでした。でも、あるとき、ランチに誘ってくれる親切な人が出てきて、自分の知識や経験を聞かせてくれたのです。その人にまた別の成功者を紹介してもらい、次々に会って行きました。そのうち、お金持ちで成功している人たちが、みんな同じではないことを発見しました。はたから見ると「何でも持っている」ように見えても、実際にはまったく違う人生だったりするのです。

あるとき、新しいメンターとの面会時間を待つ間、何気なく秘書の人に彼のプライベートについて聞いてみました。すると、彼女はちょっと困った顔になり、「ここで働き始めたばかりなので、あまりよく知りません」と答えたのです。それから間もなく、ほとんどの人が、社長をよく知るほど長く勤めていないことがわかりました。彼の辛辣《しんらつ》で要求の厳しい態度のために、働く人たちは、わずか数カ月でオフィスを辞めていたのです。そのことに気づくころには、私も逃げ出していました。

一方で、私が出会ったお金持ちの中には、温厚な人柄で親しみやすく、部下たちから愛される人もいました。彼らのような人こそ、「本物の成功者」です。

本物かどうかを見極めるための方法は、部下がその人の陰口を言っているかどうかです。もし、裏で悪く言われているとすれば、その人物は、あまり良識ある人ではない可能性が高いでしょう。少しの間であれば、大勢の人たちの目にすばらしい人として映ることは可能です。ところが、日常的に付き合いのある人たちは、本当の人物像を知っています。お金と社会的地位があるからといって、必ずしも有意義な何かを世界に提供できるとは限りません。注目すべき点は、もっと他にもあるのです。

2つのお金の知恵

ここで、興味深い疑問が浮かびました。ずる賢くて抜け目のない人たちが、一見成功したお金持ちに見えるのはなぜなのでしょう？

私は、答えが知りたくなりました。そして、このことを調べ始めてすぐのころは、成功へ続く明確な道というものが存在し、たどるべきステップの順番も決まっているのだろうと考えていました。多くのお金に関する本には、簡単に言うと、次のようなことがよく書かれています。

一生懸命働き、お金を稼ぎ、節約して貯金し、投資することで、いつかお金持ちになれる。私は、単純にも、「自分も同じことをやってお金持ちになるぞ！」と思っていました。

でも、果たしてそんなに簡単にいくのでしょうか？

もう皆さんご存じだと思いますが、現実には、一生懸命働いてたくさん稼いでいるからといって、必ずしも成功を手に入れられるとは限りません。

その一方で、ずる賢くて抜け目のない、金持ちもいます。この後者の人たちのことで私が気づいたのは、彼らの評判は、いずれ本人たちに追いつくということです。

噂は必ず広まります！

詐欺師、あるいは、不誠実なビジネスパーソンも、長い目で見れば、決して儲かりません。一度や二度なら人を騙せるかもしれませんが、その体面を保つには無理が出て、そのうちぼろが出ます。また、この種類の人たちは欲張りなので、名声、お金、世間からの注目、すべてを独占したいのです。そのため、見栄を張るためにはお金を使うのに、経費を削ったり、ケチだったり、お金を支払うべき相手に支払わなかったりします。

その反対に、心が温かく、他人の利益になることを本気で考えている人たちは、最終的に成功することがわかりました。彼らの特徴は、人間的な器の大きさと優しさです。加えて、お金に対しても、とてもゆったりと構えています。

私のメンターの1人は次のように言っていました。

「成功の鍵は、取引をする際に、必ず少しだけ負けてあげる(相手に譲る)ことだ」

つまり、そうすることで、全員が気分よく取引を終えることができるというのです――取引相手も「勝った」と感じることができるでしょう。このやり方のおかげで、彼は、常にビジネスパートナーやクライアントのことを第一に考える、正直で誠実な人という評判を確立しました。彼に利用されたと感じる人は1人もいませんでした。また、これ以降、多くの人たちが彼と仕事をしたがるようになり、クライアントやビジネスが途切れなくなったそうです。

これまでに、多くのずる賢い人、優しい人、普通の人を見てきました――休む暇なく働くやり手のビジネスマン、大金を稼ぎ出すビジネスオーナーにいったんはなったのに、すべてを失った人。他にも、大学に行ったことがなく、投資の基礎知識を学んだこともないのに、仕事ができ、クライアントにも気に入られて大成功した人もいました。

混乱した私は、メンターに自分が観察した内容について話しました。すると、お金の知恵は2つの部分から成り立っていることを教えてくれました。

それが、「お金のＩＱ」と「お金のＥＱ」です。お金のＩＱ（知能指数）は、経済に関する知識のことで、投資や税法、その他の一般的なお金の知識を勉強することで身につけられます。そして、お金のＥＱ（心の知能指数）は、自分のお金に対する感情に対処するために必要な感性を意味します。たとえＭＢＡを取得するような秀才でも、お金のＥＱが低ければ、いずれはお金を失ってしまう可能性があります。さまざまな立派な肩書きを持ち、ものすごく頭も良いのに、選択を誤って破産する人が世界中にたくさんいるのは、このためです。

Happy Money の人生を送るためには、健全なお金のＩＱと健全なお金のＥＱの両方が必要です。お金を稼ぐことの知的側面と感情的側面を理解することができれば、お金とも仲良くすることはできるのです。

「なるほど！　ようやくわかったぞ！」

これで、「なぜ、お金を持っている人たちと、お金を失ってしまう人たちがいるのだろう」という謎が解けました。

とはいえ、このことについて知っているのと、行動を起こせることとの間には、大きな違いがあります。これまでに、お金を稼いでは、失ってしまう人を何人も見てきましたし、また、私自身もお金を稼いだり失ったりしてきました。

現在は、やっとのことで、「Happy Money の流れの中で、快適に暮らしている」ところまで来ました。その過程で学んだことはたくさんあります。

たとえ大金持ちになれなかったとしても、ごく普通の人でも小金持ちくらいなら挑戦できそうですし、そのほうが個人的にかかる負荷は少ないと思います。

では、お金のＩＱとＥＱを十分に高めて、幸せな小金持ちになるためには、具体的に何をすればいいのでしょうか？

最初のステップは、お金のＩＱとＥＱの基礎を理解することです。

幸せな小金持ちから見た「お金のＩＱ」

お金のＩＱは、金銭管理と誤解されやすいのですが、それは、お金のＩＱの主な役割ではありません。お金の知的側面の裏にある、より深い意味を理解する必要があります。つまり、どのようにしてお金を稼ぎ、使い、守り、増やすかということを考えるのです。

◎お金を稼ぐ

幸せで豊かな人生を目指すなら、大好きなことをやり、自分の特別な資質や才能を人と分かち合うことです。誠実に周囲の人たちの役に立つことをやったら、必ず成功します。なかには、お金を稼ぐためには、自分の信念を裏切ったり、他人をコントロールしなければダメだと信じている人たちがいます。

ですが、お金を稼ぐということは、競争に勝ったり、もっと簡単で効率的に儲ける方法を考えたりすることではなく、自分に正直になり、才能を世界と分かち合うことなのです。その結果、どこへ行っても喜びを広めることができるようになるでしょう。つまり、あなたがもらうお金は、クライアントや顧客の純粋な感謝の表れなのです。

◎生き金を使う

幸せで豊かな生活を目指すには、倹約しようなんて考えてはいけません。むしろ、意識的に使いましょう。自分が幸せだと感じられること、自分の欲しいものにお金を使ってください。意識的にお金を使っていると、無駄遣いをしたとは思わなくなっていきます。

満足のいくお金の使い方について詳しく説明し、分析している良書の1冊に、エリザベス・ダンとマイケル・ノートンによる『「幸せをお金で買う」5つの授業――HAPPY MONEY』（KADOKAWA）があります。著者は、ありとあらゆる人のお金の使い方を検証し、全体的に見て、その人の価値観に見合うことにお金を使っている人たちが最も幸せそうだ、と言っています。また、いくつもの研究について詳しく調べ上げ、人々の行動を観察した結果、モノを集めることに一生懸命になるのではなく、さまざまな経験を積み、今その瞬間を精いっぱい生きている人が、最も自分のお金の使い方に満足していることもわかったそうです。

お金を「うまく」使うことが、倹約や貯金をすることだとしたら、人生はやや苦痛なものになってしまうでしょう。それでは、自分が望んでいるものをできるだけ遠ざけるゲームのような人生になってしまいます。

つい貯金する癖がある人は、なぜ、自分がそんなにも倹約したがるのか、探ってみるといいかもしれません。お金を使うのが怖いと感じるのは、なぜですか？

あなたを幸せにしてくれるモノに対して払うなら、いくらまで払いますか？

自分の中の優先事項を評価し、本当に楽しめることに心を配れるようになると、もっと自信を持ってお金を使えるようになるだけでなく、賢い使い方ができたと思えるようになるでしょう。

◎お金を守る

お金を守るためには、貯め込み、他人を寄せ付けないようにする以上に、お金やその他のことに関して有意義な人間関係を築くことが重要です――また、お金と他人との間に明確な境界を設けることが必要です。もし、あなたのまわりの人たちの中に、あなたのお金に対して何か企んでいる人――家族、友人、従業員やクライアントなど――がいるとすれば、問題はお金ではなく、あなたの人間関係にあります。

誰かがあなたのお金を奪う計画を立てているとすれば、それは問題です。たとえば、よくある離婚原因の1つに金銭問題があります。夫か妻が、相手が思っている以上、または、使える以上のお金を使ってしまう場合です。そのような夫婦のほとんどは、一方が、自分たち、あるいはお金を「守る」ために、お金に関する重要な情報を相手に明かさないようにします。

その結果、離婚するしかないような夫婦関係になってしまうというわけです。自分たちのお金を守りたかっただけなのに、よりたくさんのものを失うことになります（離婚経験がある人なら、離婚にどれだけお金がかかるかは知っているでしょう）。

つまり、お金を守る一番の方法は、「人との関係」を大切にすることです。これには、当然ながら、明確でわかりやすい約束をすることや、常に法律に従うことも含まれます。なかでも最も大切なのが、オープンで誠実なコミュニケーションをとれる関係を築くことです。まわりの人たちと誠実でクリアな人間関係が築ければ、それ以上にお金を守る必要はありません。

◎お金を増やす

お金を増やすというと、ほとんどの人が、投資やその他のお金を増やすテクニックを想像します。ところが、幸せで豊かに生きる人にとってお金を増やすことは、ただの経済に関する表面的な知識だけではありません。あなたが心から信じる目的を探すこと、それから、その目的をお金で支援することを意味します。長く見据えて、目的を達成できるよう、あらゆる面で支援するのです。

幸せな小金持ちになるための決め手は、お金をあなたの価値観や信念と合致させることです。そのためには、自分自身や自分のビジネスにも投資を行なう必要があります。あなたが働いて得た成果——利益——は、あなたが楽しむためのものです。そうすることで、市場が変動することに気づくでしょう。そのため、投資状況が下降しているときや危機のときでも心配にならなくなります。

また、自分と同じ価値観やビジョンを持つ人たちの支援を優先するため、すぐに自分が儲かるかどうかは気になりません。長期で得られる利益は常に変わらないのです。なぜなら、コツコツと投資を続けるため、成功もするでしょうし、いずれ市場は転換するからです。そうこうしているうちに、あなたが投資した多くのHappy Moneyは、心から大切にしているプロジェクトが花開くはずです。

幸せな小金持ちから見た「お金のEQ」

お金のEQは、お金に対する私たちの感情面における知性のことです。そのため、お金の感情的側面の裏にある、より深い意味を知る必要があります。つまり、どのようにしてお金を受け取り、楽しみを味わい、自分を信頼し、分かち合うかということを考えるのです。

◎お金を受け取る

人生を豊かにするために最も重要なのが、「お金をきれいに受け取る」ということです。幸せや豊かさを受け取ることに後ろ向きでは、お金をいくら持っていようと、また、どれほど高いステータスを手に入れようと、幸せや豊かさを感じることはできません。受け取るということは、「自分自身に受け取るという自由」を与え、自分には生まれつき幸せを受け取る価値があることを理解することです。

プレゼントや機会、チャンスを前向きに受け取ることがどれほど重要かは、いくら強調してもし足りません。

人は、目の前にある幸せに気づかず、喜んで受け取れなくなってしまいがちです。否定的な観念に制限されて、目と鼻の先にあるすばらしいチャンスを逃し、身の丈に合っていないものを追った結果、失敗してしまうのです。

これまでに、自分に必要だと思うものを手に入れることに一生懸命になるあまり、「目の前にあるすばらしいものを見逃した」という経験は、誰にでもあるでしょう。

受け取れるものに意識を向けられたら、どれほど与えられているかに気づくはずです。本当の意味で受け取ることを始めると、本当の豊かさがわかるようになるでしょう。

◎お金に感謝して、楽しむ

自分が楽しんでいることに感謝したとき、あなたは本当の意味で今この瞬間とつながることができます。それは、禅の極意でもあります。幸せとは、今を生き、今に専念するという意味です。過去でもなく、未来でもなく、今――それは、人生のもたらす贈り物です。そして、今を楽しんでいるときこそ、あなたは本当の豊さを経験しているのです。

ところが、残念なことに、多くの人はこのように感じていません。ほとんどの人にとって、人生は競争だからです。何かを手に入れても、それを一瞬楽しむだけで、時間を無駄にしてはいけないと焦っています。なぜなら、次のレースに備えなければならないから！彼らは、そうしなければ、次は他の誰かに負けてしまうと信じているのです。このような競争・欠乏意識でいると、今この瞬間から切り離されています。

過去の失敗を悔んだり、これから起こるかもしれない失敗の可能性について必要以上に心配してしまうと、そうなります。その結果、自分が働いて得た成果に感謝し、楽しむことができません。

豊かさを感じるためには、今この瞬間を100％で生きなければいけません。人生や富を楽しみたければ、今を楽しむことです。ただ次へ進むために一瞬一瞬を駆け抜けていたのでは、「今」そこにある豊かさをすべて逃してしまっています。

◎お金の流れを信頼する

私たちは、油断すると、いつもお金の心配をしてしまいます。なぜなら、必ずお金が入ってくるか不安だし、信頼できないからです。人生の可能性をフルに活かすために重要なのは、お金や豊かさだけではありません。自分の能力に自信を持つことも大切です。お金があまりないときでも、自信があって自尊心が高ければ、豊かさへと導かれるでしょう。

とはいえ、多くの人が未来に対して疑心暗鬼になっています。自分自身や未来に対して疑いを持っていると、行き着く先は怖れの世界です。新しいことに挑戦する恐怖。人生が変化する恐怖。自分のスキルや才能を社会と分かち合うことへの恐怖。バカにされる恐怖。幸せで豊かになりたければ、自分の能力に対する自信を奮い起こさなければなりません。

自信がある人は、お金持ちだから自信があるわけではありません。「自信があるからお金持ちになれた」のです。あなたは、お金を得る前に、自分を信頼する必要があります。すべての成功は、自信の副産物だと言えます。

お金に関するストレスの大きな要因は、お金の流れを信頼していないことからきます。稼いでいるお金が将来的に足りなくなるのではないか、あるいは、今やっているプロジェクトが、時間やエネルギーの無駄になってしまうのではないかと心配しているのです。ですが、固い決意と自信を持って行動するためには、お金の流れはいつも流動的なのだと受け入れる必要があります。

◎お金を分かち合う

幸せで豊かな毎日を送るようになると、「人生は分かち合うためにあるものだ」ということがわかるでしょう。他人と喜びを分かち合い、自分のスキルを提供することをためってはいけません。なぜなら、他人と喜びを共有することで、自分の喜びも飛躍的に大きくなるからです。他の人たちと一緒に幸せを味わった経験が一度でもあると、それ以外に幸せになる方法はないことに気づくでしょう。すると、自分だけのために何かをすることはおもしろくなくなってきます。

私たちは、人生のあらゆる面で分かち合うことで、幸せ感を得ることができるのです。楽しみ、お金、サービス、生まれ持った資質や才能など、何を分かち合うかは問題ではありません。重要なのは、分かち合うことです！

それはつまり、家族、友人、同僚、クライアント、社会のすべてを指します。あなたの時間、才能、資質を、よりたくさん、気前よく分かち合ったことの結果として、より多くの豊かさが、あなたのもとへ流れ込んでいくことになります。

なぜだかわかりますか？

それは、分かち合いの原理が、自然の法則とつながっているからです。自然界は、１つの分かち合いでできています。すべては互いに結びついていて、一部がうまくいかないと、すべてのバランスが崩れてしまいます。もっとたくさんの人が人生の楽しみを共に分かち合い、共有するようになれば、世界が抱える問題の多くはすぐに解決するはずです。

『人類最大の秘密の扉を開く　ソウル・オブ・マネー　世界をまるっきり変えてしまう《お金とあなたとの関係》』という本の中で、著者のリン・トゥイストが実に雄弁に語っています。


お金は水のようなものだ。それはコミットメントの水脈であり、流れる愛でもある。

お金は私たちの最も高いコミットメントに向かって流れ、世界と私たちを育む。

あなたが感謝をするものはあなたに感謝し、
あなたが持っているお金が影響を与えれば、それは広まるだろう。

協力は繁栄を生む。

真の豊富さは十分にあるところから流れてくるが、それ以上あるところからは流れてこない。

お金は私たちの意思を運ぶ。私たちが誠実に使えば、お金は誠実さを運んでいくだろう。お金の流れを知ろう——あなたのお金が世界へと動いていく流れに責任を持つのだ。あなたのお金が、あなたの魂を表現するように、あなたの魂から、お金に情報を吹き込もう。資産を利用しよう——お金ではない、あなたの性質や能力、人間関係やその他のお金以外の資産だ。

お金のEQのタイプ

あなたとお金の関係には、ある一定のパターンがあります。お金のことを教わったことがない人なら、おそらく、いくつかある性格タイプの1つに当てはまることでしょう。

自分のパターンを知るということは、自分がとる行動の意味を理解するということにつながります。お金と健全な関係を築くための最初のステップは、正直な目で地図を見て、今、自分はどこに立っているかを認識することです。

今、自分が置かれている状況を理解したら、次のステップでは、振り返り、どこからどのようにして今の場所にたどりついたのかを考えてみてください。その過程で、自分に関するさまざまなことに気づくはずです。家族の秘密や両親が若かったころの話、あるいは、祖父母が子どもだったころのびっくりするようなエピソードを見つけてみましょう。

こうして自分のルーツを探ることで、より深く自分自身を理解できるようになるはずです。そして、自分のルーツがわかると、本当の自分と自分が目指す人物像を反映した新しい価値観で自分をプログラムし直すことができるでしょう。

お金のEQの視点から見ると、お金に関しては、大きく3つのタイプに分けることができます。「お金と積極的にかかわり、コントロールしようとするタイプ」「お金から距離を置こうとするタイプ」「お金とはできるだけ無関係でいようとするタイプ」です。

私は、お金とは無関係でいようとするタイプを「無関心」タイプ、そして、何が何でもお金から距離を置こうとするタイプを「僧侶」タイプと呼んでいます。

また、お金と積極的にかかわろうとする人たちも、どのようにお金をコントロールしようとするかによって、3つのタイプに分けられます。「貯め込み」タイプ、「浪費家」タイプ、「稼ぎ中毒」タイプです。1つ前の段落で紹介した2つのタイプと、この3つのサブタイプを合わせた5つが、お金の性格の基本タイプになります。

たとえば、こうなります。

◎貯め込みタイプ＋浪費家タイプ＝「抑圧された浪費家」タイプ

↓ある程度お金を貯め、一気に使う（浪費する）人たちがそうです。

◎浪費家タイプ＋稼ぎ中毒タイプ＝「ギャンブラー」タイプ

↓このタイプの人は、たくさんのお金を稼ぎ、たくさんのお金を使うことをためらいません。

◎貯め込みタイプ＋浪費家タイプ＋稼ぎ中毒タイプ＝「心配性」タイプ

↓お金と積極的にかかわろうとする3つのタイプすべてを併せ持つ人は、毎日、寝ているとき以外はずっと心配事を抱えて過ごしています。

これらのタイプをさまざまに組み合わせた、異なるお金の性格タイプはまだあります。それでは、どの性格タイプが少しでもあなたの性格に近いか見てみましょう。

◎貯蓄大好き、溜め込みタイプ

この性格タイプの人は、貯蓄を愛してやみません。彼らの一番の趣味は、貯金通帳を眺めることです。そして、彼らが持つ特別な才能もやはり――驚くことなかれ――貯蓄です。

道で小銭を見つけたら拾って、そのまま真っすぐ家にあるブタの貯金箱に入れます。この性格タイプの人たちは、貯蓄こそが人生における安心を保証してくれるものだと信じているのです。

この信念を中心に生活するため、彼らの暮らしはとても質素です。そして、特売で買うことにかけてはプロであることが多く、どの電話会社が一番安いか、どのポイントカードがお得か、または、飛行機のチケットを最安値で買うならいつがいいかなどに関してすばらしいアドバイスをくれるでしょう。この性格タイプの人たちが最も生き生きとするのは、預金口座で残高が安定して増えているのを確認しているときです。

貯蓄中毒タイプは、生活における贅沢を楽しむことを敵だと見なしています。実際に、彼らの趣味や習慣となっている活動は、原則としてお金がかからないか、かかったとしてもごくわずかである場合がほとんどです。

彼らの多くは、子どものころに描いていた「こんな人生になったらいいな」という夢を忘れ、そもそもお金を貯めようと思ったきっかけにさえも、関心を失ってしまっています。

多くの貯蓄中毒タイプの人たちの生い立ちには、お金に関するつらい思い出や恐怖心が存在します。あまり恵まれていない家に育ち、その結果、苦しい、あるいは寂しい経験をしている場合がほとんどです。家業が倒産したとか、両親が十分な稼ぎを得られなかったのかもしれません。祖父母の代で倒産した影響が今の世代まで引き継がれ、お金を失ってしまうのではという恐怖まで受け継がれることがよくあります。

また、両親のお金の使い方が上手ではなかったせいで苦しんだ場合は、絶対に同じ目に遭うまいという強い決意を持っていることが多々あります。ところが、彼らは、どの時点でお金に対する恐怖心が勝り、それが人生をコントロールし始めたかを知らないか、気づいていません。貯蓄中毒タイプの人たちは、自分の判断は理にかなっていて、すべて正しくできていると思っています。

もし、自分がこの性格タイプに当てはまると思った場合は、自分のお金に対する不安や恐怖心と向き合い、それらの気持ちが芽生えたときのことを深く掘り下げてみるいい機会なのかもしれません。たとえ、どんなに貯蓄しても、「できる限りお金にしがみつかなければ」と思うようになったきっかけに対する不安を消すことはできません。

多くの貯蓄中毒タイプの人たちは、お金がなくなることを怖れるがあまり、長い間貯め続けたお金をいっさい使うことなく、人生を過ごすことになります。

◎浪費家（出費中毒）タイプ

浪費家タイプは、純粋に、お金を使うことを愛してやみません。もし、この性格タイプの人たちが道ばたでお金を見つけても、貯蓄中毒タイプのようにブタの貯金箱に入れるなどという選択肢は絶対に思い浮かばないでしょう。彼らは、一番近くの自動販売機に直行し、タダで飲み物を楽しむでしょう。また、このタイプの人たちには、お金を使うことに罪悪感を抱き、貯蓄して安心する貯蓄中毒タイプの人たちの心理が理解できません。

友人として付き合う場合、貯蓄中毒タイプは退屈ですが、出費中毒タイプの人たちは、あなたに人生最高の時間をくれるでしょう。彼らは、「YOLO」つまり「You Only Live Once（訳注：人生一度きり）」というモットーを心から大切にしています。

この性格タイプの人たちの多くは、親しみやすく社交的な性格のため、一緒にいて楽しいはずです。彼らは、特に何の理由もなくプレゼントをしたり、特別な場所で友人にご馳走することが大好きです。

そして、「不況の原因は人がお金を使わなくなったからだ」と言い、自分１人の力で経済を支えているという、不思議な自負を持っています。また、極端な例になりますが、出費中毒タイプの人たちは、お金を稼ぐ以上に使い続け、破産するリスクもあります。

そんな彼らの行動にも理由があります。この性格タイプの人たちは、自分の思いどおりにいっていると感じるためにお金を使うのです。ものを買うと、ある程度、自分がまわりをコントロールしているように感じられるのは自然な心理でしょう。

たとえば、買い物をするとき、店員が礼儀正しく頭を下げ（少なくとも日本では）、あなたが言うことすべてに真剣に耳を傾けて対応してくれます。これによって、出費中毒タイプの人は、自尊心や人としての価値を認められているという感覚を得るのです。

彼らの多くは自尊心が低く、常に息苦しく感じているため、その感覚から逃れるために何かとすぐにお金を使います。そうすることで、普段のストレスから解放され、気分を晴らそうとするのです。

ところが、買ったものを店員が包んで手渡してくれるころには、嫌な感覚はじわじわと戻ってきてしまいます。この性格タイプの人たちの多くは、買ったものを心から楽しむことができません。新しく買った洋服の何着かが、一度も着ないままクローゼットにずっと仕舞われているということがあるのは、そのためです。

興味深いのは、出費中毒タイプの人たちは、貯蓄タイプの親に育てられたケースが多いということです。彼らのお金の使い方は、保守的なお金の使い方を強要する親のもとで育つ中で感じてきた息苦しさや退屈さに対して、真逆に行ったということなのです。

◎稼ぎ中毒タイプ

稼ぎ中毒タイプの人たちは、可能な限りお金を稼ぐことで、人生はもっとうまくいくと信じています。この性格タイプの人たちは、道ばたでお金を見つけると、「これは、幸運の女神様は本当に存在し、自分たちの側にいる証拠だ」と言って、まわりにいる人たちに自慢するでしょう。

彼らは、より多くのお金を稼ぐ能力を高めるためにほとんどのエネルギーを費やします。そのため、友人や家族との時間を過ごすより、仕事効率や時間管理能力、ビジネスにおける成功を優先することに罪悪感を抱きません。

その理由は、「自分がしていることは、すべて愛する家族のため、ひいては社会のためだ」と心から信じているからです。

稼ぎ中毒タイプの人たちは、自分が金銭的に成功していることを他人に承認、認識されることを糧に生きています。なので、収入や資産を増やすこと、自分の付加価値を増やすことにワクワクして、他のことを忘れがちです。

残念ながら、彼らはどんなにお金を稼いでも、もっと稼いでいる人がまわりにいるので、他人の注目を十分集めた感じが持てません。なので、彼らの口癖は、「もっと頑張ろう!」です。

◎お金に無関心タイプ

この性格タイプの人たちは、お金の存在にほとんど気づいていません。そのため、道ばたでお金を見ても、それが何かも気づかずに通り過ぎてしまうかもしれません。お金に無関心タイプの人たちに多いのは、教授、教師、公務員、医師、研究者、芸術家や専業主婦（主夫）といった職業の人たちです。彼らは、お金があたかも存在しないかのように生きています。

このタイプの人たちの普段の生活は、朝起きて、弁当を持って通勤し、家に帰る時間まで自分のすべきタスクに集中して過ごします。お金を使ったり、お金について大して考えたりせずに済む日がほとんどです。お金に無頓着、あるいは無関心なタイプの人たちは、金銭の管理をビジネスパートナーや配偶者に任せています。

なので、自分たちがお金をどれだけ持っている、重要なお金関係の書類がどこにあるかは、あまり把握していません。純粋に無頓着なのです。もちろん、彼らも生きるためにお金を使わなければなりませんが、お金に関する心配なんて、したことがありません。

まあまあ裕福である、というのがこの性格タイプの人たちの特徴です。まず、お金を使わないので自然と貯まります。また、子どものころから経済的に不自由していないため、いずれにしても、お金についてあまり考えてきていません。お金に無関心タイプの人たちは、いろんなタイプの中でも、最も幸せな人たちだといえるでしょう。

ただし、お金を管理している人がいなくなってしまうと、悲劇が起きる場合があります。あるとき、お金を全部管理していた奥様に急死された芸術家のサポートをしたことがあります。その男性は、自分の財布がどこにあるのかさえ知らないのに、その家の会計の唯一の責任者になってしまったのです。

この性格タイプの人たちは、無関心でいられるうちは幸せですが、やがてお金の責任という現実が――ほとんど確実に――彼らをつかまえることになるでしょう。

◎ヒッピータイプ

この性格タイプの人たちは、お金は悪いものだと思っています。先ほどの話を続けるなら、もし、このタイプの人たちが道ばたでお金を見つけたら、本能的に募金するか、何かどうしても必要なこと（その日の食事とか）に使うでしょう。

ヒッピータイプの人たちは、お金を問題の原因として見る傾向があります。彼らは、世界の人たちが、もっとお金を稼ぐことや消費者主義ではなくなってほしいと願っています。

拝金主義のために、この世界が悪くなっている、だから、お金の流れから離れた世界に身を置いて、自給自足のコミュニティーに住んだり、時間や仕事に縛られないライフスタイルを送ります。

また、この性格タイプの人たちは、自分自身に値段をつけて売ることに価値を置いておらず、可能な限りお金に影響されないように人生を送りたいと思っています。

◎貯蓄・散財タイプ

このタイプの人たちは、貯蓄タイプと出費タイプの混合タイプの人たちです。貯蓄・散財タイプの人たちは、厳格で真面目な人たちがほとんどです。にもかかわらず、唐突に何かをしなければならない気がして、一気にお金を使ってしまいます。そのため、普段は働いていてお金に関しても安定しているように見えるこのタイプの人が金欠になると、まわりの人たちは驚くことになります。

彼らは、基本的には、お金を貯めることで人生をコントロールしようとしています。それが一番良いことだと信じて、コツコツと貯蓄に励みます。ところが、もうこれ以上息を止めていられないとでもいうように、抑圧したものが一気に吐き出され、振り子が一気に「貯蓄タイプ」から「出費タイプ」に振れるのです。このあたりは、ダイエットと似ているかもしれません。

彼らは、いざ貯めたお金を使うとなると、必要のない、または、使わないものを買うなど、変な使い方をします。たとえば、運転免許を持っていないのに車を買おうとして、次のように言うのです。

「すごくお買い得だったから、買うなら今だと思って。そろそろ免許を取ろうと考えていたしね」

私の知り合いの女性で、何十万円もする業務用のエステ機器を衝動買いした人がいました。彼女が言うには、残業を頑張った自分への当然のご褒美ということでしたが、買ってすぐに後悔することになりました。その理由は、買ったからには使おうと思うのに、なぜか、見るだけで罪の意識を感じてしまい、クローゼットの中にしまったままになっているのだそうです。

◎ギャンブラータイプ

このタイプの人たちは、稼ぎ中毒タイプと出費タイプの混合タイプの人たちです。彼らは、ワクワクすることが好きで、いつもスリルを求めています。自ら好んで大きなリスクを冒し、勝ったときのみ満足し、負けると後悔します。ギャンブラータイプの人たちの目的は——たとえ実際には自分たちでも本当はそうだとわかっていたとしても——ただ純粋に資産を増やすことだけではありません。この性格タイプの人たちは、リスクを冒すスリルと見返りを約束されること自体に夢中になってしまうのです。

その結果、急に思いがけない利益を得たり、悲惨な損失を被ったりします。

また、この性格タイプの人たちは、先物商品取引やベンチャー投資をすることにワクワクし、単調な人生を生きるくらいなら、死んだほうがマシだと考えています。

私が見たところ、ギャンブラータイプの人たちは、貯蓄中毒タイプの両親に育てられていることがよくあります。お金にうるさい両親と一緒に過ごしてきた退屈な暮らしの反動で、子どもが浪費家タイプやギャンブラータイプになってしまうのです。

◎心配性タイプ

このタイプの人たちは、常にお金の心配をしています。お金をいくら持っていようと、心配なのです。持っているお金については、それがなくなることを心配し、お金がなければないことを心配します。

心配性タイプの人たちは、人生そのものを信頼していません。彼らは、将来は問題だらけだと思い込んでいることが多く、それもまた心配なのです。たとえば、借りてもいないお金にかかる利子を心配していたりします。

また、このタイプの人たちは、自分の人としての可能性にも自信がありません。自尊心が低く、何に対しても自信を持つことができないのです。心配性タイプの人たちは、まあまあ順調にいっているときでさえ、何か大変なことが起きてすべてが駄目になってしまうことを怖れています。

気をつけておくべきは、このような怖れは、直接お金とは関係がないということです。むしろ、人生全般に対する怖れが、特にお金に投影されているのです（このことをよく覚えておいてください）。そして、これらの怖れが解消されない限り、お金に対する不安も消えることはないでしょう。

あなたのお金のIQとEQを高める方法

ほとんどの人が、お金のEQより、お金のIQのほうが重要だと考えています。ですが、私がやってきた個人対象のカウンセリングを通して、その後クライアントたちが20年間でどのように変わったかを見ているうちに、お金のIQよりお金のEQのほうがはるかに重要だと思うようになりました。

多くのお金が絡む失敗は、感情と関係しています。仮に、あなたが世界一の天才だったとしても、感情をコントロールし、さまざまな感情が自分の行動に影響することを理解できていなければ、お金に関して明確で正しい判断を下すことはできません。

私が考える良い方法の1つは、自分の感情、内なる傾向や性格を知り、あなたのお金との関係を評価する手助けをし、キャリアを見通して導いてくれるメンターを探すことです。「身近にそんな人はいない」と思うかもしれません。私も30年前は同じように感じていました。ところが、いろいろな人に聞いて回ると意外とすぐに見つかるものです。それは、あなたの親友の叔父や同僚の従兄弟ということもあるでしょう。

この段階が一番の難関かもしれません。突然お金に興味を持ち始めたことを友人たちに知られたくないと思ったりするかもしれませんが、恥ずかしがることはありません。それどころか、一歩踏み出した自分を誇らしく思ってほしいくらいです。あなたの後ろには、あなたの友人たちや愛する人たちも歩める道ができるでしょう。

私は、これまでずっと、ラッキーな人生を生きてきました。親戚中で最初に大学に入ったのが私だったのですが、それを誇らしく感じていました。娘を育てるためにセミリタイヤしたときは、みんなに驚かれ、不思議がられました。日本では、妻が妊娠すると夫はさらに一生懸命働くようになります。仕事を辞めるなんてもってのほかです！

ところが、私の体験について書いたところ、多くの若い日本人の父親たちが、赤ちゃんのためにセミリタイヤしたり、育児にもっと参加しようと考え始め、実際に家族のために時間をとるようになりました。そういう動きに対して本当にうれしく思います。

私が若い父親たちのメンターとなり、その多くが、今度は彼らのまわりの若い人たちのメンターとなったのです。手を伸ばし、自分を導いてくれる人を探すのは重要なことです。私は、「生徒に準備ができたときに、教師が現れる」という有名なことわざを信じています。あなたの準備が整ったときに、あなたのメンターは現れるでしょう。

不安だからといって、お金を貯めてはいけない

将来が怖いという理由でお金を貯める人がたくさんいます。病気になるかもしれないし、職を失うかもしれません。人は、不慮のこと、つまり何か悪いことが起きたときのために備えて貯金したくなるのです。日本人は、特にそういう考え方をする人が多いようです。ところが、不安や恐怖からお金を貯めていると、お金の流れの中に怖れや不安――障害――を増やすことになります。

副作用として、いくら貯金してもお金に関する不安が消えません。もし、あなたの貯金がゼロだった場合、とりあえず１週間暮らせるだけの金額を貯めようと思うでしょう。そ

れができれば、ゆったりとリラックスしてお金以外のことを考えられるはずです。

もし、1週間分のお金が貯まったら、今度は1カ月暮らすのに必要なお金を貯めておかなければならないような気分になるのです。その後も、1年分、2年分、5年分のお金が必要な気がして、終わりがありません。たとえ一生分のお金を貯めることができたとしても、今度はそれをすべて失うことを心配し始めるのです。

つまり、そのやり方では、不安は一生消えません。どうしてでしょう？

それは、不安の原因がお金とはまったく関係ないからです。関係があるのは、**「あなたの心の奥深くに根付いている、不安と怖れ」**なのです。

自分が怖れているのはお金のことだと思いがちですが、実際に私たちが怖れているのは、自分の未来であり、人生に起きるかもしれないネガティブな変化なのです。

この狂った状況に解決策はあるのでしょうか？

そのための方法の1つは、貯金するときに、お金の楽しい使い道をいくつも想像しながら貯めることです。「旅行をする」「すてきなレストランで食事をする」「マッサージに行く」「好きな土地でリタイヤ生活を送る」、あるいは、「子どもや愛する人たちのためにお金を使う」というのもいいでしょう。違いがわかりますか？

あなたが、感謝、愛情、希望や前向きな感情をお金に注ぎ込むことで、より多くのお金が流れてくるようになるのです。そして、お金は自分の喜びや楽しみを支えてくれるものだと気づくのです。このように、貯めているお金を使ってできる数々の楽しみを想像し始めたら、同時に心配までしていられません。人の心はとても単純なので、同時に2つの感情を処理できないのです。そこで、常に楽しく、前向きで、希望にあふれた物事に意識を向けるようにしましょう。

「ありがとう」と「まろアップ」を学ぶ

「お金をもっと欲しい」と言う人はたくさんいますが、「お金がありすぎる」と言う人はめったにいません。これまでに、「お金はいっぱいある」と言った人が1人だけいました。

私のメンターである、竹田和平さんです！

この「十分」なお金を持っていることについて、ジャネット・ブレイ・アットウッドさんと共同で執筆した『Maro Up!: The Secret to Success Begins with Arigato（まろアップ！成功の秘密は「ありがとう」から）』に書いています。

和平さんが亡くなる前に、私は彼から学ぶという恩恵を受けたわけですが、彼は、これまでに出会った中で誰よりも最高に幸せな人でした。世界中のほとんどの人が、このすばらしい男性のことをよく知らないかもしれません。

彼は、たとえるならば、日本のウォーレン・バフェットでした。和平さんは、大きな製菓の会社を経営していました。その会社のどこが変わっていたかというと、工場で働く人たちは、「ありがとう」という子どもたちの歌声を聞きながら、赤ちゃん用の有名なタマゴボーロというお菓子を生産していることです。彼は、お菓子がベストセラーとなることができた理由は、工場の従業員たちがお菓子をつくる間に流れる子どもたちの歌声のエネルギーのおかげだと感じていました。そして、私が作家として活躍できたのは、和平さんの哲学である「ありがとう」を常に言い続け、彼の「まろアップ」の哲学を人生と仕事に生かしてきたおかげだと信じています。


いったい、「まろ」とは何なのでしょう?

これは「真心（まごころ）」の略で、純粋な心を持ち正しく生きている人は、まろが強い人だと言えます。「まろ」は精神状態のことなので、日本語でも説明するのは難しいのですが、無私無欲の状態、つまりは、エゴの逆とも言えるでしょう。あるいは、人の意識の奥深く、全人類と宇宙は1つだとする集合意識に近いものとして考えることもできるかもしれません。つまり、「まろ」とは、私たちの他人や自分たち自身に対する無条件の愛情の源なのです。

「まろ」の状態に達することは、成功への基礎となります。和平さんは、「まろ」を理解している人は、自分やまわりの人たち全員に、利益をもたらす状況をつくり出すことができると言っていました。つまり、真心を持って生きれば、人から大切に扱われるだけではなく、全宇宙から支えられていると感じられるようになる、というのです。

和平さんによると、「まろ」が増えると「まろアップ」し、人生にたくさんの奇跡が起きると言います。実際に、和平さんの人生でそれは起きていましたし、晩年に情熱を傾けた貯徳問答講の受講生は、さまざまな人生の奇跡を体験しています。

私の人生にも、執筆した本が次々にベストセラーになったり、世界的な作家の団体に日本人で初めて迎え入れられるなど、通常ではありえない、すごいことが起きました。

今あなたが手にしている本が、世界中で発売されるようになったとしたら、それも私にとっては奇跡です。

晩年の和平さんの薫陶《くんとう》を受けた者の1人として、世界に、「ありがとう」と「まろアップ」を広げることができたとしたら、これ以上の幸せはありません。

「まろ」とはどんなものか

「まろ」が増えると、あなたは次のようになります。

◉より魅力的になり、前向きなエネルギーを放ち、多くを引きつけるようになります。あなたにとって大切な人や物に囲まれ、幸せと豊かさの連鎖が起きるでしょう。

◉あなたにとって大切なことに情熱が出て、やる気が上がります。また、直観力が高まり、人生にとって最善の選択ができるようになるでしょう。さらに、自分が大好きなことができているため、刺激的な新しいチャンスや豊かさに対していつでも扉を開くことができます。

◉より人生に感謝を表せるようになります。そのため、これまでになく「ありがとう」と言っている自分に気づくでしょう。あなたの感謝は伝染し、まわりの人たちも前向きなエネルギーで満たされます。その結果、他の人たちも感謝を表すようになり、彼らの人生にもより多くの豊かさを受け入れ始めるでしょう。

竹田和平さんから学ぶべきこと

１９３３年、竹田和平さんは名古屋で生まれました。地元の菓子屋の息子だった和平さんは、幼いころから父親に菓子づくりを教わり、やがて家業を経営するようになりました。すると、彼の独創性が事業を推進し、日本で初めてのクリームを挟んだウェハースは大ヒットとなったのです。菓子業界で成功した後、彼は、不動産や株式投資で成功し、日本のウォーレン・バフェットとして知られるほどのお金持ちになりました。

和平さんは、徳のあるベンチャー経営者の育成に時間を注ぐことを決め、自身を「花咲か爺さん」と呼んでいました。その驚異的な成功を収め続けたキャリアを通して、彼の「まろ」の哲学は、何千、何万人に、より寛大な心を持ち、人生に出入りするお金の流れに感謝することを教えました。**和平さんは、幸せや繁栄の鍵を握るのは、優しさ、寛大さと感謝だと信じていました。**神道の教えにヒントを得た彼は、人がどのようにして人生に幸運を招き入れているかについて研究し、自分が幸せだと感じる人は、常に今に満足しているということに気づいたのです。彼は、どうすれば他人を豊かにできるか、いつも考えていました。精神の充実と感謝は、「まろ」の哲学の本質です。

あなたの「お金の信念体系」は、どうつくられたか？

私にお金の哲学を教えてくれたのは和平さんでしたが、父からも有益かつ意義のあるアプローチを学びました。父は、成功した人たちには成功した理由が、成功しなかった人たちには成功できなかった理由があることを教えてくれました。成功する人たちは成功し続け、それを積み重ねていき、成功しない人たちは奇妙な不運や「災難」に出会い続けるのだそうです。日本語には、「貧乏の星の下に生まれた」という表現があります。貧乏になったのは運命だと信じる人が数多くいますが、父は、それより大きな要素が関係していることを教えてくれました。

つまり、**仕事とお金についてどう考えるかによって、お金持ちになれるかどうかが決まる**のだと言うのです。

自分の仕事やお金に対する姿勢が間違っていると、人生もそうなってしまいます。

あなたのお金に対する計画が、幸せと喜びにあふれ、人を助け、成果を生むものであれば、あなたはお金持ちになれるはずです。反対に、怒り、憎しみ、嫌な思い出や競争心にあふれていると、あなたの人生も同じものであふれてしまうでしょう。

人は、ある特定の方法でお金を得ようとします。もし、会社勤めをしていてクビになったとしたら、おそらく別の仕事を探して違う会社で働き始めることになるでしょう。お金を得るためには就職することだとしか考えないのです。

経営者なら、事業で失敗したからといって、誰か他の人の下で働こうとするのではなく、また新しい事業を始めて、再挑戦するでしょう。ですが、彼らは、株式市場に投資しようとは思いもよりません。

投資家は、人の下で働いたり、会社を経営しようとしたりしません。彼らは、別の投資先を探すだけです。

そして、悲しいことに、まったく働かない人やお金の使い方がわからない人は、その先もずっと働かなければ、お金の使い方もわからないままでしょう。人は、自分の「お金計画」、つまり、自分が学んだことや得た知識どおりに、行動してしまうものなのです。

父は、誰でも自分のお金に対する感情を「学ぶべき」だと言いました。裕福な人たちはお金のことを考えたり、お金に触れたりすることで幸せな気持ちになるそうです。そうすることで、彼らは実際に喜びを感じることができるのです。一方で、お金がない人たちは、お金について考えたり話したりすると、不安や恐怖を感じると言い、そこから困惑が生じるというわけです。

「お金の設計図」は、書き直すことができる

私は、20歳のときに、30歳までに経済的に自立しようと決心し、幸せと成功の鍵を探し始めました。

「20代で稼いだお金はすべて30歳までになくなってしまう」というような古い格言を聞いたことがあります。楽観主義者の私には信じられませんでしたが、確かに、お金持ちの人たちが言ったことは当たっていました。私の20代前半は、財産が増えたり、失ったりを繰り返しました。

私は、もっと必死にお金を稼ごうとするのではなく、それまでのパターンを打ち破るためには、問題の原因を解決しなければならないと考えるようになりました。他の人たちと同じルールで戦っても、意味がありません。問題解決の鍵は、自分のお金の人生設計図にどんなことが書かれているかを知り、自分の足を引っ張っている部分を書き直すことだと気づいたのです。

ほとんどの人は、自分のお金の人生設計の見直しをする時期をとっくに過ぎています。

幼少期に学んだことがのちの私たちに大きな影響を与えるという話はすでにしましたが、

だからといって、それを変えられないわけではありません。

お金に関する人生設計は、定期的に見直したり、新しいバージョンにアップグレードしたりする必要があります。あなたが両親の影響を受けたという場合、おそらく、お金の設計図は、あなたが子どもだった１９７０年代、80年、90年代、２０００年代に描かれたものなのでしょう。

さらに、両親のお金の人生は、あなたの祖父母に大きな影響を受けているかもしれません。もしあなたの祖父母が１９３０年代に子ども時代を過ごしていたとしたら、お金の設計図は、大恐慌の後に続いた苦しい時代の煽りを受け、恐怖と不安でいっぱいの内容だったとしても仕方ないでしょう。それが何世代にもわたって受け継がれ、今日のあなたにまで静かに影響を与え続けているのです。

あなたの祖父母は、お金を慎重に扱わずに無茶な使い方をすれば、後々とんでもない目に遭うことになると両親に教えたでしょう。また、仕事を失いたくなければ、一銭も使わずにお金にしがみつけとも言ったかもしれません。

お金を安心の源として考えるのは、誰も仕事にありつけず、人々が不安を抱えていた１９３０年代の考え方です。幼いころに感じた不安が消えることはなく――それを子どもたちに引き継ぎ、その子どもたちによって私たちは育てられたというわけです。

私たちの「お金の設計図」の問題点は、何十年も前に書かれているということと、普段は心の奥底に隠れていて、あなたが不安や恐怖を感じたときにだけ現れるということです。お金の刷り込みは、あなたが人生で重大な決断をするときに顔を出します。結婚や転職をするとき、あなたが気づかぬ間に不安や恐怖は姿を現すのです。

とはいえ、お金の設計図はただの図案に過ぎません――言うなれば、イメージ図です。線を消し、書き直すことが可能です。まだ何も建っていません。まだ鉄骨は溶接されていませんし、基礎にコンクリートも流し込まれていません。あなたには、図案を書き直し、確かなお金の将来を築くための計画を立てる時間がたっぷりと残っています。

適正な自分の「お金の器の大きさ」を知る

お金に対する自分の感情――あなたのお金に対する信念――が明確になり、過去のお金との関係が癒えたら、次はあなたとお金の将来について考える番です。

私たちの中には、隠喩的な意味で、いくつもの器があります。豊かさ、お金、幸せ、人間関係、仕事やその他にもさまざまな器があり、すべて蓋が閉まっていない瓶のようになっています。器が半分しか満たされていないと、私たちは不満を感じがちです。また、入ってくる量が器の大きさより多いとあふれ出し、私たちは自分にふさわしいと思える分だけ受け入れます。目標は、和平さんのように考えられるようになることです。

「私は十分に持っている。そして、持っているものすべてに対して感謝し、そのうちのいくらかは人に与えることができる」

つまり、あなたにとって適正な器の大きさを見つけることが大切というわけです。なかには、とても小さい容器を持っているのに、お金に強くしがみつく人や、器が割れていたり、ヒビが入ってしまっている人もいます。

自分のお金の器の大きさを測る方法がいくつかあります。たとえば、あなたは自分の年収が１０００万円は不満だけれど、年間１５００万円稼ごうとすると大変そうだなと感じるとしましょう。この場合、あなたの適正な容器の大きさは１０００万円から１５００万円の間ということになります。あるいは、年収５００万円で、人生が退屈だと感じる場合、あなたはもっと大きい容器を持っているのに、それを完全に満たせていないのです。もし、幸運なことに、生まれつきお金の才能があるという人は、ぜひ、どんどん高い目標を目指して頑張ってください。そうでなければ、自分が最も幸せだと感じられる上限を知っておくのが賢明です。

これが、「お金の適正な器の大きさ」を知るという意味です。容量以上に入れようとすると、よくても容器が割れ、その過程で自分自身を惨めにするだけです。ほとんどの人は、常にもっと欲しいと思っています。そして、そのことが私たちの心の平静を失わせているのです。

常にもっと欲しがっていると、心が休まらない

お金との健全な関係は、深い安らぎをもたらします。私たちは、お金持ちになることで幸せになり、すべての問題や悩みが解決するという思い込みを持っています。

ところが、実際は、まったくの逆です。お金を稼ぐほど仕事の規模は大きくなり、ビジネスは成長します。企業が大きくなるほど、経費や人件費も大きく膨らみます。すると、それまでと同じ労力で運営を維持することが難しくなり、成長とともに問題やストレスも増えることになります。

たとえば、日本人の多くは、月々の収入が200万円もあれば、裕福で楽な生活ができると思っています。むしろ、十分すぎる金額かもしれません。ところが、収入が増えると、自分にはそれを買う余裕があるという気持ちから、より大きい家や車が欲しくなり、その

他の生活スタイルに合わせた諸経費も高くなります。

また、収入レベルが同じくらいの人たちと友人になり、付き合う相手も替わってきます。それによって、お腹を空かせた大学生のころは大好きだった定食屋では、相手に失礼があってはいけないので、もっと高級なレストランに行くようになるでしょう。

最終的には、収入が増えた分だけ出費も増えたことで、月末に残るお金はほぼなくなり、その結果として、お金が足りないというストレスを感じるようになります。

収入がそんなにもあるのに、お金が足りないなんて、誰が想像できるでしょうか？

これは、毎月の収入が３００万円になったとしてもほとんど変わりません。どのレベルのお金持ちのまわりにも、常にもっと稼ぎ、もっと大きなスケールで生きている人はいるのです。その梯子《はしご》を上り続ければ、いずれ新しく出会った友人たちが次のようなことを言い始めるでしょう。

「今週末は、自家用ジェットで家族をハワイに連れて行くんだ。あっちに別荘を建てようと考えているところなんだ」

あなたの友人の輪は、必然的にあなたの生活水準を上げ続けるでしょう。なぜなら、人は、本能的に自分の居場所を見つけ、まわりの人たちに似てくるからです。都会に暮らす人なら、駅まで歩き、電車で通勤する苦しみを知っているでしょう。それが、余裕ができるとタクシーを拾って出社するようになったり、純粋にお金に困らなくなったからという理由で、よりオシャレなレストランで夕食を摂るようになったりするのです。

働き始めたころより給料が何倍にも増えたというのに、月末に残るお金は変わっていない、ということになってしまいます。なぜなら、出費も増えたからです！

つまり、月々の給料が300万円だからといって、経済的自由が手に入る保証はありません。私たちのオモチャは、どんどん高価になるからです。

ここで1つ忠告をするとしたら、「ビジネスには波がある」ということです。順調なときは忘れがちですが、時には、少し収入が下がることがあります。成功して日が浅い人の多くは、楽観的に考えてしまいがちで、風向きが変わっても、なかなか適応できません。

実際には、収入や資産がどれだけ増えても、手放しでのんびりする時間はありません。たとえ銀行にある程度の貯金があっても、ビジネスの方向性を変えなければならない、訴訟、従業員とのトラブルや税金など、常に対処しなければならない問題が、いつも山積みになって襲ってくるからです。

もっと欲しがる循環ができ上がると、自分の人生にとって本当に大切なことに気づけなくなります。とりわけビジネスや仕事が順調だと、ほとんどの人がその刺激に夢中になります。ゲーム感覚になり、まるで新たなレベルや達成とともに自分の人としての価値も上がるような錯覚に陥ってしまうからです。

そして、いとも簡単に、家族と一緒に過ごす、あるいは、趣味のために使える時間を犠牲にしてまで働くようになるのです。

これで、もっと欲しがり続けるゲームには「勝ち」や満足は存在しないという意味があなたにも理解できたのではないでしょうか？

自分の観念とお金の器の大きさは変えられる

ご存じのとおり、自分で自分のお金の計画は立てられます。なぜなら、考え方や信念、行動は変えられるからです。そのためには、過去を清算し、許し、感謝することでお金から受けた傷を癒す――このことについては次の章で詳しく説明します――必要があります。

そのうち、お金とどんな関係を築きたいか、さらには、どんな関係が自分にとって最も心地よいかがわかるようになるでしょう。あなたには、新しい人生をつくり出すことができます。

私は、これまで何万人もの人々にこのことを教え、実際にその人たちが金銭面で変わっていくのを見てきました。お金との関係をよくすることはできます。正しい手順さえ踏めば、誰にでもできるのです。

もし、自分の未来を選べるとしたら、あなたはどんな未来にしたいですか？

ただし、決していきなり無理はしないでください。借金がある人は、借金がない人生を想像するだけで十分です。それがあなたの未来になるとイメージしてみましょう。

私は、実際に望んでいた未来を手に入れてきた人を見てきました。たとえば、経営状態が最悪な会社を父親から相続したクライアントがいました。彼には、おそらくほとんどの人がそうするように、相続放棄して、資産と借金のどちらも相続しないこともできたのですが、彼は、父親が遺してくれたものを失いたくなかったのです。

ところが、数年間、どんなに必死に働いても事態は好転せず、彼は希望を失いつつありました。そこで、私のセミナーに参加し、「どんなに一生懸命に働いても十分なお金は手に入らない」という間違った思い込みを自分が持っていたこと、さらには、その観念は自分だけのものではないことに気づきました。それは、彼の父親の観念でもあったのです。

どうりで、彼の父親のビジネスも金銭面がめちゃめちゃだったわけです。彼は、何をやってもうまくいかないと思い込んでいたのです。この後ろ向きの思い込みが自分の父親の役に立っていなかったことを悟った彼は、同時に、それは自分にとっても同じことだということに気づきました。父親と同じ過ちを犯す必要はなかったのです。彼は、自分の考え方やお金計画、容器を変え、お金を引き寄せるマグネットとなることを決意しました。そこで、私は彼にアドバイスをしました。

現在、自分が抱えている借金の額を数字にして思い浮かべるよう言ったのです。借金は3億円でした。私は、その数字が持つインパクトを感じ、マイナスサインを足すよう伝えました。「─300,000,000円」。彼は笑いながら想像しました。次に、私は次のように言いました。

「今、たったの2秒で億万長者になれたのに気づきましたか？　あなたのお父さんは、借金を残したのではありません。彼は、あなたがお金を稼ぐ力を身につけられるように、マイナスの会社を残してくれたのです」。

すると、彼はその場で、借金を5年間で返すと心に決めました。

その後、彼の経済状況は飛躍的に改善し、すべての借金を返してしまったのです！

さらに、そこで止まることなく稼ぎ続け、その後の数年で億万長者になりました。このごく平凡な男性が数年で運命を好転させられたなら、あなたにだって自分の人生を変えることができるでしょう。1日では無理でも、焦点を当てる先を変え、正しい方向に向かって歩き続けていれば、理想の人生は数年もあればつくることができるのです。

お金のEQを高めるときに思い出してほしい5つの原則

①疑いの気持ちを抱くのは、当たり前だということを理解する

私たちは、「成功すれば、不安や疑念は消える」と信じています。ところが、どこか1つの分野の不安や疑念がなくなったと思ったら、また新しい不安が生まれるのです。何事に対しても、毎日、幸せで前向きになれたらすばらしいですが、実際には、ほとんど毎日のようにさまざまな心配をしています。

浮かんでくる疑念に飲み込まれるより、それが自然発生するものだとわかれば、対処する準備をすることができます。さもなければ、心の中に心配や疑念が存在するということは、何か間違ったことをしているからだと考えてしまうでしょう。

こうした感情が生まれても、冷静に対処するためには、疑いは出てきても当たり前だと理解しておく必要があります。不安や疑念は必ずしも悪いものではありません。むしろ、私たちが新しい可能性を育てている途中だという表れでもあるのです。

②心配の良い面を見る

2番目の原則は、**「良い意味で不安を感じる練習をする」**ことです。私たちは、本能的に負の感情から離れようとします。ところが、ついさっきも書いたように、不安は常に湧き起こるものなのです。それから逃れるためには、すべての感情をシャットアウトしてしまわなければならず、あなたは何も感じることができなくなってしまいます。それでは喜びや好奇心を感じる力も捨ててしまうことになるのです。

喜びと不安はセットになっています。恐怖に背を向けるということは、人生で好奇心も感じられなくなるということです。

③未来のビジョンを信じる

3番目の原則は、**「常により良い未来を信じること」**です。人生やビジネスにおいて、不安や疑念が心に浮かぶことがありますが、そのときこそ、未来を信じる鍵になる瞬間です。

自分だけでは心からより良い未来を信じられないときは、メンターや友人の助けが重要になってきます。自分を支えてくれる人たちから信じてもらうことで、自分でも未来を信じられるようになるものです。

人生は、すばらしい機会であふれています。人生と可能性を心から信頼することが、それを実現するための土台となります。私たちの意識の状態が、現実をつくっていきます。あなたがより良い未来を信じることで、不安を抱えている人たちに希望を与えることができます。未来のビジョンを心から信頼するということは、その他多くの人たちを助けることにもつながるのです。

人は、冷静で落ち着いているときは、簡単に自分の能力を他人と分かち合うことができます。つまり、自分自身に疑念を抱き、お金や未来に対して心配事を抱えているときでも同じようにできるかどうかが正念場というわけです。

④お金に対する感情を克服し、人と経験を分かち合う

4番目の原則は、「どんなときでも分かち合うこと」です。負の感情をまざまざと感じているときこそ、私たちの意識の状態は試されます。

自分自身が疑問に思うことがあっても、人の役に立ち、分かち合うことで、負の感情に立ち向かう力になります。これは、そう簡単なことではありません。どうしても実行するのが難しいと感じるときは、人の役に立つための計画を考えてみましょう。計画を立て、日々それを念頭に置くことで、いずれ私たちの行動や結果に影響するはずです。人の役に立つことをするのは、自分自身の能力や未来を信じているという証でもあります。

⑤他人のサポートや愛情を受け取る

最後、５番目の原則は、「心の底から他人の愛やサポートを受け取る」ことです。ネガティブな感情を体験しているときは、自分だけの力で乗り越えるなんてほとんど不可能なことだと感じるかもしれません。ところが、まわりの人たちの愛とサポートによって、最初は大きく感じられた問題が、何とかなりそうな大きさまで縮み、整理し、対処しやすくなるのです。すでに友人やメンターの助けを求めることで、より良い未来を信じることができるという話はしました。

私たちは、その人のために何かしなければ、その人からサポートを受けられないと思いがちです。これは、スタートです。助けを受け取ることができるというのは、正しい方向に進むための力強い一歩となります。

そして、無条件で他人からのサポートを受け入れられるようになると、自分も人と分かち合い、助けることができることが理解できるようになります。私たちのまわりの友人たちの愛とサポートは、さもなければ私たちを消耗させ、無力にする不安を和らげてくれる力を持っているのです。

第3章

お金とあなたの人生

——あなたが、お金を使っている？それともお金に使われている？

お金と人生の関係

「お金にはな、2つの顔があるんや。コインと同じようにな。神の顔と悪魔の顔や」

私が小さいころ、夕食のときに、怖い顔をした父にこう言われたことがありました。

父は、機嫌がいいと、食卓でビジネスやお金、政治、世の中の動きなどについて語って聞かせてくれました。けれど、その日の話は、なんとなくいつもと感じが違いました。彼の話す口調のせいか、子どもが聞いてはいけないことを耳にしてしまった怖さで、背筋がゾッとしたのを覚えています。

私がテレビを見ていると、決まって父が口にすることがありました。

「お金には、人を狂わせる力があるから、気をつけなあかんぞ」

確かに、いろんなドラマを見ていると、お金には人を悪の道に引きずり込む魔力があり、犯罪の多くも、お金が原因で起きているような気がしたのです。

どこにでもいる真面目な人が、ギャンブルにハマって、いつの間にか借金で首が回らなくなっていた、といった話を聞いたことがあるのではないでしょうか。業務上横領、贈収賄、詐欺……、時には暴力沙汰や殺人にまで発展することがあるのです。

たかがお金のために、どうしてこんなことになるのでしょう？

私の父が言ったように、お金には、ごく普通の人を虜にして、狂気の世界へと引きずり込んでしまう危険な力があるからです。

容疑者の近所の人や友人は、決まってテレビの取材にこう答えるでしょう。

「お金が絡んで理性を失わなければ、おとなしくていい人だと思いましたけど」

犯罪を犯さなくても、誰もが同じようなお金のストレスに影響を受けています。

お金のために自分らしくない生き方を、誰しもがしてしまうものです。

たとえば、ローンの返済のために、やりたくもない仕事をしぶしぶ続けていたり、お客さんや上司に、言いたくもないお世辞を言ってしまうのです。今のライフスタイルを決めるとき、どのくらいお金の影響を受け、お金に制限されているか認識できなければ、お金の支配から抜け出すことはできないでしょう。

この支配から自由になるには、自分がどういう姿勢でお金と付き合っているかを、自覚する必要があるのです。

ちなみに、あなたがとれる立場は2つに1つしかありません。

「あなたがお金を使いこなす」のか、**「お金にいいように使われる」**のかです。

なぜ、人はお金に支配されるのか？——過去と向き合う

私の娘が幼稚園に通っていた当時、私は週に何回か、娘のクラスでボランティアをしていました。子どもたちの世話をし、子どもたちの成長を見守るのが楽しみでした。

もうすぐクリスマスだというある日の午後、私は1人の男の子とクリスマスプレゼントについて話していました。

「何をもらうの？」と聞いてみると、その子はこんな返事をしたのです。

「何にももらわないよ」

そんな答えが返ってこようとは、夢にも思っていませんでした。この子は今年、サンタクロースの悪い子リストに載ったのだろうか。もしかしたら、赤鼻のトナカイやサンタクロースの手伝いをする小人たちの話をもう信じていないのかも……。

気になったので、尋ねてみました。

「どうしてなの？」

「だって、うち、貧乏だから」

貧乏？

この6歳の男の子が、この年齢で社会や経済の問題をしっかり理解している可能性が、果たしてどれくらいあるのでしょう。そう思いながら、私はこの子に「貧乏」という言葉の意味を知っているのかと聞きました。彼は、その言葉の意味をよく知りませんでした。

「それじゃあ、どこでその言葉を習ったの？」

男の子は、母親が口にしているのを耳にしたのでした。

「うちは貧乏だから、サンタさんは来ない」と母親に言われたそうです。

私たちは、いつの間にか、両親から「お金がない」と信じるよう仕向けられているのです。両親は、「お金が足りるなんてことは絶対ないの！　しょせん、そんなもんなのよ！」などと言います。だいたい6、7歳ごろから、お金絡みで、心に暗い影を落とす経験をするようになります。そのころになると、両親の口から出てくる、似たような不平不満が耳に届くようになり、自分たちの住んでいる家の大きさや着ている服、両親が運転する車のことで、自分とクラスの友だちとを比べ始め、両親の経済状態を知ることになります。

友だちのほうが自分よりもたくさんの物を持っていたら、がっかりするかもしれません。

10歳になるころには、もう自分の親の社会的な地位を理解し、「現実」と直面することになります。もっとお金があれば、もっとすてきなものが買える。もっと認めてもらえるし、もっと人気者になれる。好きな子に、こっちを向いてもらえるかも……。

15歳ともなると、お金に無関心なタイプを除く、ほとんどの人がお金のことを考え始めます。もっとお金を手に入れるためなら、大概のことはやるでしょう。家事手伝いのおこずかいを値上げしてもらったり、外でアルバイトをやるようになります。

また、好きな子ができて、プレゼント攻勢をかけたい、すてきなファッションで気を引きたいと思うようになると、もはやお金は、単なる数字ではなく、人間関係や男女関係にまで影響を及ぼす大事なものになるのです。

ある程度大人になって、恋人ができるようになると、往々にして、2人の間には、経済的、社会的な隔たりを経験することになります。どこかすてきなところへデートに誘うときには、お金のプレッシャーを感じるのです。相手をふさわしくないレストランへ連れて行ったり、安物をプレゼントして相手の機嫌を損ねたり、自分たちがどんなに不釣り合いかがはっきりしてしまうような真似は、絶対にしたくないと思うでしょう。

お金がもっとあれば、もっといい人生になる？

以前、ある若い女性が、当時付き合っていた彼のことで不満を言ってきました。

「私、もっと値段の高いプレゼントをもらってもいいと思うんです。なのに、彼ったら、安いものしかプレゼントしてくれなくて……。たぶん彼は、運命の相手じゃないんだわ。私を物心ともに大事にしてくれる人こそ、ふさわしい相手なのよ」

この不満を抱えた女性のように、多くの人が、「もっとたくさんお金を持っていれば、もっと愛情のある、もっといい人生を送れる」と刷り込まれています。一生懸命勉強していい大学に入り、条件のいい仕事について、できるだけたくさんお金を稼がなければならない——。そう信じるように、小さいころから教えられてきています。

だから、気づくことができないのです、ひたすら上を目指して、死ぬまでこの階段を上っていっても、実際に手にできるものははるかに少ないということに。

必死に階段を上っていく私たちは、30代、40代になって、ようやく何かが間違っていると気づき始めます。けれど、そのときには、もう払っても、払っても、減らない住宅ローン、自動車ローン、クレジットカードの返済で、首が回らなくなっているのです。

やがて、子どもたちが大学に進学する年齢になります。みんな、いい大学に行きたいと言い、親はますます首が回らなくなります。そしていつの間にか、夢見ていた2週間の休暇に対して、「楽しみ」よりも「お金を使う不安」を覚えるようになるのです。

心の奥深くでは、「何かが間違っている」と感じてはいても、忙しすぎて、いったいいつから何がおかしくなったのかをゆっくりと考える余裕はありません。

私たちはみんな、過去の影響を受けている——自分の「現在地」を知る

すでにお話ししたように、ほとんどの人が持っている思い出——お金にまつわる小さいころからの思い出には、「楽しいもの」と「苦いもの」の両方があります。

私のクライアントで70歳の男性は、赤ん坊のように声をあげて泣きながら、子どものころの自分の母親とお金の話をしてくれました。彼が小さかったころ、生活はとても苦しく、日々の食事にも事欠く状態で、母親から誕生日にオモチャを買ってもらうなど、夢のまた夢だったそうです。今は成功して裕福になったのに、どれだけお金があっても、彼は満足することができません。何を考えるときでも、怖れが忍び寄ってくるからです。

一夜にしてすべてを失う夢を見ては、どうしようもなく苦しんでいました。子どものころの記憶が今でも鮮明に残っていて、それがトラウマとなり、悩まされ続けているのです。

これは何も、彼に限ったことではありません。

お金にまつわるひどい経験をして傷ついている人は、世界中にいます。お金のドラマに愛する家族が関係している場合は、特につらいでしょう。

お金に関してあれこれ心を煩わせたくないと思うなら、これまでのお金との関係を振り

返って、子どものころにどんなトラウマがあったのか、一度考えてみてください。

◎あなたが怖れているものは何ですか?
◎お金はどんなふうに、そして、なぜあなたを支配しているのでしょう。
◎あなたは何を刷り込まれて、信じてきましたか?

過去を振り返るのはつらく、苦しいかもしれませんが、根本的な原因――今のあなたのお金との関係や、お金について無意識のうちに信じ込み、それを生み出した原因を理解してください。

いかに人生を支配されているかを理解し、癒していけば、あなたの心も軽くなり、ずっと幸せになれるでしょう。

つらいことではありますが、「現在地」を認識することは、今あなたがいるところから、あなたが行きたいところへ進むためにどうしても必要なステップです。

「あなたのお金の歴史」を調べていくと、あなた自身が、「お金についてどう考えるか」「これまでにお金とどんな関係を築いてきたか」がわかります。私たちの多くが認めたくないことですが、私たちがこれまで受け入れてきたお金についての考え方のほとんどは、両親や祖父母の影響を受けたものです。そんな考え方がすべて一緒になって、お金に対する基本的な青写真がつくられます。

一度自分の歴史を振り返り、自分という人間がどうやって形成されてきたのかがわかれば、自分が本当に行きたいところへ行けるように、この青写真を書き直すことができるのです。

人は、お金に対する感情に振り回される

お金のことを考えるとき、自然といろんな感情が湧き上がってきます。ある状況ではネガティブな感情を抱くのに、別の状況では、深い感謝やワクワク感といった、まったく違う感情を抱くこともあります。

こうした感情のほとんどは、無意識に感じるものなので、わざわざ時間をかけて「自分が普段どんな感情を感じているのか」を調べることはまずありません。

なので、私たちは、こうした感情を無意識に閉じ込めておくために、日々の生活でネガティブな感情を引き出させることをしないように、自分の行動を制限しているのです。するといつの間にか、お金が原因で出てくる不安や心配が、あなたの人生に暗い影を投げか

けてきます。

例を挙げましょう。あなたには、海外留学や独立、新しい習い事など、本当は密かにやりたいことがあるとします。でも、その支払いに対して不安を感じたくないので、いろいろ迷いながらも、結局は何もしないことを選ぶのです。

同じことは、別の形で現れます。今のあなたに向いていない仕事を続けることを選んでいるかもしれません。もしかしたら、そのことに対して、自分でも気がつかないような、すさまじい怒りを抑圧している可能性があります。そういう内在した怒りがある人は、急な出費にイライラして、まったく関係のないことで、夫や妻、恋人、家族といった大事な人に当たり散らしているかもしれません。

こういったことは、「私たちがお金に対する感情に簡単に振り回される」という、ほんの一例にすぎないのです。

何年にもわたり、私は経営コンサルタント、作家、講演家、お金のカウンセラーとして、「お金が絡んだときに、人々がどんな感情を抱くのか」を直接この目で見てきました。

息子である自分にオモチャを買えなかった母親について泣きながら話した裕福な老人のように、私のクライアントの多くが、子どものころのお金にまつわる思い出を話すとき、大粒の涙を流します。

それとは違う感情をあらわにする人たちもいます。彼らはせせこましく、向こう見ずです。すぐに不平不満を並べたり、些細《ささい》なことで誰かに文句を言います。

自分の今の生活状況に心中穏やかではなく、切羽詰まっているからです。お金に関する感情は、他の状況であれば普通は届かないような心の奥深くまで忍び込んでいくことがあるのです。

自分のお金に対する感情をチェックする

では、あなたの生活を見てみましょう。お金のことを考えるとき、あなたが一番よく感じがちなのは、どんな種類の感情ですか?

これから、最も一般的な感情をいくつか挙げていきますので、日々の生活の中で、自分はどの感情を感じているかをチェックしてみてください。自分がお金に対してどんな感情を抱くのかがわかれば、お金のせいで感じるストレスがかなり減ります。

人は自分が知らないものに対しては、どうすることもできません。でも、自分を観察していけば、自分の感情、お金、仕事との関係を、自分が満足できるものに変えていけます。「お金は自分たちを痛い目に遭わせるもの」という考え方を手放して、「日々の生活にいいものをもたらしてくれるすばらしいものだ」と思えるようになっていくでしょう。

私がこれまでに最もよく目にしてきた感情を選んで挙げています。これ以外にもいろいろありますが、代表的なものだと考えてください。

「正しい」感情というものはありません。あなたの人生や幸せに、ポジティブかネガティブ、いずれかの影響を及ぼしていることに気づいてください。

①不安と怖れ

人はお金を使うとき、多少の不安を感じるものです。現金かカードを出してお金を支払おうとするとき、「自分は正しい選択をしたのだろうか」と心配になるのです。

もう1つ、よくある感情といえば、「今の手持ちのお金がなくなってしまったら、どうしよう」という心配です。急に失業したら、ホームレスになって生涯を終えるのだろうか。そんな感じで、給料をもらうときも、ひたすら怖れを感じている人もいます。

「今週、子どもたちを食べさせてやれなかったら、どうしよう」

「お金に対する怖れと不安」は、ほとんどの人の日常生活を脅かしています。そのために、数えきれない人が、イヤイヤ仕事を続け、ボロボロの家に居座り、意地悪な隣人やひどい人間関係にも、ひたすら耐えているのです。

まわりの人は、よく言うでしょう。

「どうしてずっとそのままなの？」

「なんで、そんなに我慢してるの？」

ひと言で言うなら、それは「怖れ」のためです。

知らないものへの怖れ。もし自分が変わったら、それに伴って起こるかもしれないことへの怖れ。自分から積極的に行動する強さやモチベーションがないことへの怖れ。

だからみんな、よく聞く言い訳を口にするのです。

「いやあ、やりたい気持ちはあるんだけど、お金がなくて行動に移せないんだ」

そして、変わらないまま、今の現状に甘んじているのです。

ここで1つ、大事なことを言わせてください。

あなたが今の生活や未来についてどんな怖れを抱こうと、その怖れとお金には、直接の関係はありません。このことをどうか忘れないでください。

お金に関する怖れは、無意識のうちに抱く「他のことへの怖れ」であるということです。あなたは、自活できるだけの十分なお金がないことを怖れているわけではありません。

失敗することを怖れているのです。

あなたは、自分の両親や愛する人、ごく身近な人たちに「ダメな人間だ」と思われることを怖れているのかもしれません。裕福でないことや、「自分はふさわしくない」「全然足りない」といった怖れは、あなたとお金との関係に如実に現れることがあります。あなたはこう思うかもしれません。

「もっとお金があれば、あの人に愛されるはずなのに。もっとお金が稼げれば、同僚や友だちから一目置かれるのに」

だから、「もっともっと、お金が欲しい」と必死になります。その結果、お金に対する不安もどんどん募っていくのです。この悪循環を断ち切り、心のうちにある怖れや、自分を制限する考え方に向き合わないかぎり、お金の問題を解決しようとどんなに頑張っても無意味です。なぜなら、問題の本質は放置されたままなのですから。

②怒りと恨み

お金に対して怒りや恨みを抱いている人を見つけるのは、難しくありません。約束したとおりにお金が支払われなかったとき、私たちはイライラしたり、相手に対して怒りを覚えます。お金が足りないと、途端に我を失います。誰かが自分よりもお金を持っていたり、稼いでいたりするのがわかると、なんとなく貧乏くじを引かされたような気分になるものです。

「自分のお金の問題が原因だ」と勝手に思い込んだ相手に、腹を立てることもあります。こうした感情のせいで、多くの犯罪が起こっています。なぜでしょう?

それは、**「お金がサバイバル（生存すること）に、密接につながっている」**からです。

地球のどこかの僻地《へきち》に残っている、原始的に生きている部族を除けば、食べるものや着るもの、住むところを手に入れ、医療を受けるために必要なのが、お金です。

「お金がなければ、私たちは死んでしまう」と怖れているのです。そう、お金がないことは、非常に危険なことだと肌感覚で感じているのです。

そのため、自分がもらって当然と思うものや、自分が稼いだものが手に入らないと――あるいは、つけ込まれたり、騙されたと思うと――危険を感じます。大げさに聞こえるかもしれませんが、「命が危ない」と無意識に考えてしまうのです。

危険を感じると、脳はどんな反応をするのでしょうか。脳内の扁桃体のおかげで、私たちの脳は、こうした命の危険な状況に直面すると、闘争・逃走反応――つまり、闘うか、逃げるか、とっさに反応することで、生き延びる手助けをしてくれるのです。

こんな状況を前にすると、とっとと逃げ出す人もいますが、多くの人が闘います。怒りを爆発させるのです。頭にカーッと血がのぼります。

「不公平だ！　私の金をよこせ！　今すぐにだ！」

けれど、現実には、お金がないせいで、すぐに命を落としかねない危険に直面している人など、ほとんどいません。森の中で熊に追いかけられているわけでもなければ、サメに襲われているわけでもないのです。でも、お金のことでパニックになっていると、そういう気持ちになってしまうのが問題です。

お金に関して、私たちはいつもこの「闘う」か「逃げる」かの気分になり、生き残りをかけて、感情的に反応してしまいます。それは、自分の感情をコントロールするもっといい方法があることを知らないからです。

幸せになるために肝心なことは、「現代では、常に闘う必要などない」と認識することでしょう。いつも怒ったり、恨んだりする必要もありません。こうした感情をコントロールすることはできるのですから。

③悲しみと後悔

自分の子どものころを振り返り、夢に思いを馳せ、かつて思い描いていた未来とは言いがたい今の生活に目をやると、がっかりして、悲しくなるのも当然です。そんな気持ちにならなかった人などいないでしょう。

夢が叶わないのは、本当につらいことです。それに、私たちが悲しむのは、自分の希望や夢に対してだけではありません。子どもや家族にはたくさんのことをしてあげたいのに、手持ちのお金が少ないためにそれができないと、自責の念に駆られます。

そして、世界に目を向ければ、汚職、戦争、死、理不尽な憎しみといった悲劇に満ちあふれています。そして、私たちは思うのです。

「これはみんな、お金のせいだ」と。

不当な仕打ちや苦しみ、災難、今生での身を切られるような別れに対する悲しみは、そのままにしておくと、心だけでなく、体を蝕《むしば》んでいきます。

④憎しみと絶望

誰かに裏切られたり騙されたりすれば、どんな人でも腹を立てるでしょう。そして、あなたをそんな目に遭わせた人やものに対して、憎しみや恨みを抱くかもしれません。その後、状況が変わらないことがわかると、今度はその憎しみを内側へ、つまりは自分自身に向け始め、憎しみは絶望や落胆へと変わります。

泥沼の離婚劇を繰り広げる夫婦を、誰もが見聞きしたことがあると思います。いつもひどい扱いを受け、家事を押しつけられ、裏切られたと怒っています。危険に晒《さら》されたり、傷つけられたりしたことによって感じる怒りは、何らかの形で憎しみに変わります。

自分をイラつかせる相手に憎しみを抱く人もいれば、憎しみを自分に向けて絶望して落ち込み、現状を変えられない無力感に苛まれる人もいます。

離婚や解雇、減給、収益減少、自宅を失う不安、こうしたものはいずれも、今お話ししたような反応を引き起こします。私の父のところに、資金援助を求めに来た男性の話を覚えていますか。彼は絶望し、自己嫌悪と憎しみにまみれて、結局、家族と自らの命を絶ちました。凶悪犯罪、自殺、うつ病、救いようのない絶望は、いずれも私たちの怒りが自分や他者に向けられて起こるものなのです。

⑤優越感と劣等感

衝動買いの一番の要因となる感情が「優越感」と「劣等感」です。店員にケチだとか、趣味が悪いとか思われたくないために、何かを買ってしまったことはありませんか？

友だちや恋人に「すごい」と思わせたいために、予算をはるかにオーバーする高価なプレゼントを無理して買ってしまったことはありませんか？

正直に認めましょう、私たちはみんな、「ケチだ」「貧乏だ」と思われたくなくて、何かを買ったことがあるはずです。あるいは、他の人たちよりも自分をよく見せたくて買い物をすることもあるでしょう。

世の中には「ブランド品」があふれています。また、**他のことには理性的に判断できる人たちが、高価な品物を見せびらかしたいがために、大金を投じているの**です！

私たちは、何かにたくさんお金を費やせるのは、誇らしいことだと考えます。部屋が10以上もあり、4人家族で5台分ものスペースがある駐車場がある豪邸は、本当に必要でしょうか。

生存のためにまったく必要ではないものに、どうしてお金を費やすのでしょう？

それは、劣等感を感じなくてもいいから、あるいは、まわりの人たちに対して優越感を感じたいからです（一部の人は、アート的な趣味の良さが好きなのかもしれません）。

なので、中流階級の上位にいる人たちは、実際よりも自分を裕福に見せる（あるいは、そう感じる）ために、必死で高価なブランド品を買い漁《あさ》っているのです。

自分たちよりも裕福な友人たちの前で、劣等感に苛まれたくありません。同じ中流階級に属してはいるものの、何が何でも一緒にはなりたくない相手――自分たちよりも下位にいる相手に対しては、少しでも優越感を持ちたいのです。

ブランド品を趣味として楽しんだり、芸術作品として評価するならいいと思います。

ですが、本当に裕福な人たちは、「見栄を張るために何が何でもブランド品を買わなければ」とは思いません。自分の存在感を示すのに、ブランド品など必要としないからです。

世界有数の大富豪ウォーレン・バフェットは、1958年に妻と3万1000ドル強で購入した家に今も住んでいます。その家の現在の価値は、彼の資産の合計のわずか0・001%にすぎないと言われています。

多くの人が、自分の所得水準を大きく超えた家に住んでいます。幸せで満ち足りた生活を送るために、本当に必要なものよりも他人からどう見られるかのほうを気にしているからです。バフェットなら余裕で購入できるもっと豪華な邸宅に引っ越さず、いまだに慎ましい家に暮らしているのはなぜなのか？

BBCニュースで聞かれた彼は言いました。

「今の家で幸せだからだよ」

つまり、彼は今この瞬間に存在しているのです。未来に不安を覚えることも、過去に怒りを抱くこともありません。時間や欠乏の幻影に縛られていないから、幸せなのです。

⑥罪悪感と羞恥心

裕福な人たちは、しばしば見えない罪悪感に苦しみます。家族から巨額の遺産を相続した場合は、特にそう感じる傾向があります。誰か特定の人に対する罪悪感ではないかもしれませんが、なんとなく落ち着かない気持ちになるのです。自分が裕福なことを気恥ずかしく感じたり、お金を持っている自分に対して人が抱く過剰な期待に苦しめられたまま、生涯を過ごすのです。

世の中の多くの人たちが一生懸命働いても、わずかなお金しか手にできない事実を見聞きすると、彼らの「罪悪感」はますます募ります。その感情を上手に処理できない人たちは、感情から目を背けるために、薬物やアルコールに依存する可能性が高くなります。

裕福な人がお金を持ちすぎて感じるのが「罪悪感」なら、経済的に苦しんでいる人たちが抱く感情が「羞恥心《しゅうち》」です。子どものころ、十分にお金がないために恥ずかしいと感じることがよくあります。経済的な理由で他の子どもたちが持っているものを買えないために、「自分には何か問題があるんだ」と感じてしまうこともあったでしょう。

こうした気持ちがいつまでも消えないと、貧乏にならないように、ただがむしゃらに働くようになりかねません。そして、収入に関係なく、生きる喜び——誰もが感じて当然の喜びも、奪われてしまうのです。

⑦何も感じない、無感覚

実はこれは、誰もがよく経験することです。毎日いろんな感情をあらわにしていては、うっとうしくなります。感情を感じると、何か必要な行動をとる必要が出てきますが、それができる人は少数派です。

だからみんな、できるだけ、食べ物、ショッピング、アルコールや薬物、テレビ、インターネットにハマって、感情を感じないようにしているのです。

つまり私たちは、「何も感じない」ことを選んでいると言えるでしょう。

中でも、特に多くの人が何も感じないようにしようとするのが、お金に関することです。お金に「振り回されている」とは思いたくないので、本当の感情を押し殺すようになるのです。その感情が、不安であっても、心からの喜びであってもです。

例を挙げましょう。以前、あるテレビ番組でやっていた実験があります。商品をいくつも用意してカメラをセットし、消費者が買い物をするときの表情を録画していきます。すると、購入する商品の値段が高ければ高いほど、買い物客の表情は乏しくなったのです。

彼らは、買い物をしながら本当は感じていた、うれしさや誇らしい気持ちを隠そうとしていたのかもしれません。高い買い物をすることが気恥ずかしかったり、バツが悪かったのかもしれません。余計な注目を集めたり、嫉妬をされないようにしていた可能性もあります。

⑧ワクワク感と喜び

子どもは、大人よりもずっと自由に、ワクワク感や喜びを表現できます。近所の公園へ行って、走り回って遊んでいる子どもたちを見てみましょう。誰かがかっこいいことやすごいことをすれば、手を叩いたり、ピョンピョン飛び跳ねたりして、みんな自分のことのように喜ぶでしょう。自分のことであっても他の子どものことであっても、自由に笑います。そこには、自意識や不安はいっさいありません。ただ楽しいからそこにいるのです。そして、それをちゃんとわかっているのです。

大人も時には子どもと同じように感じることがあります。けれど、ごく普通の日々の生活の中でワクワクしたからといって、飛び跳ねたり、手を叩いたり、踊り出すなんてことは、体面が許しません。大げさな喜びを表現しても許されるのは、せいぜい自分のお気に入りのスポーツチームが勝ったときぐらいでしょう。

それがお金にまつわることであれば、特にそうです。昇進や昇給の知らせを聞いて、ピョンピョン飛び跳ね、手を叩いて喜ぶ社員の姿など、想像できるでしょうか？

喜びや幸せは、お金がもたらしてくれるポジティブな気持ちです。でも私たちは、そういう気持ちをおおっぴらにしないよう教え込まれてきています。

直近で、お金のことで、ものすごくワクワクしたのはいつですか？

「ウキウキしながらお金を受け取ったり、使ったりすれば、あなたの人生にはもっとお金が集まって来ますよ」と私が言ったら、どう思いますか。多くの人にとって、これは理解しがたい考え方でしょう。小さいころから、「お金で幸せは買えない」と繰り返し言われてきたのですから。

確かに、お金で「幸せ」を買うことはできません。幸せは心の中から生まれてくるものであり、今この瞬間に存在することが幸せなのだということは、誰もが知っています。けれどお金は、あなたに喜びや感謝の気持ちをもたらしてくれます。そして、間違いなく、あなたを「幸せ」な気持ちにさせてくれるでしょう。

⑨感謝と愛情

友だちや家族からプレゼントをもらったときに、感謝の気持ちや愛おしさを感じるのはごく自然なことでしょう。だからこそ、お金にまつわるエネルギーが愛情そのもののような気がすることがあるのです。多くの人が、文字どおり、お金で愛情を示そうとします。私たちは贈り物を買うとき、そこに意味を込めます。「贈り物をすることで、相手のストレスや不安を少しでも減らせたら」と願います。また、相手の心を楽しくすることができれば、お礼を言ってもらえるでしょう。

また、何かをしてあげた後に、その人からお金や贈り物をもらうと、評価された、役に立てたという気持ちが一段と強く感じられると思います。

仕事の場合、クライアントがあなたの仕事ぶりにとても満足して、もっとたくさんお金を払おうと言ってくれれば、お金を受け取るあなたを幸せにするのはもちろん、お金を払う側の人をも幸せにします。

彼らは、自分たちに喜びや幸せや平安をもたらしてくれる「もの」――もっと正確に言うなら、そういうものをもたらしてくれる「人」に対してお金を払うのです。仮に、贈り物や金額がささやかだとしても、そこに愛情や感謝、喜びがこもっていれば、受け取る側は、文字どおりそんな相手の思いを「感じる」ことができるでしょう。

何かにお金をかけるのもまた、愛の形と言えます。イギリスのフォークロックバンドのマムフォード・アンド・サンズの曲に、こんな歌詞があります。

「君が愛を捧げるのは、君の人生を捧げるところ」

自分が愛を捧げたり、大事にしているものにお金をかけるとき、私たちはその愛情に満ちたエネルギーを、自分自身や他の人にも捧げるのです。

⑩幸せ

思ってもみなかったボーナスや現金収入があると、誰でも幸せを感じます。それは、両親からの贈り物だったり、税金の還付金という形でやってくるかもしれません。

ところで、私の言う「幸せ」とは、どういうことだと思いますか。

それは、**「当分の間はお金が十分にあるので、未来に不安を覚えたり、過去に怒りを抱くことなく、今この瞬間に存在できること」**です。みんな、ほっと胸をなで下ろせることでしょう。けれど同時に、「もっとお金があれば、もっと選択の幅が広がるのに」とも思います。

でも、「たとえお金が転がり込んでこなくても、幸せを感じることはできる」と私が言ったらどう思いますか？

今自分が手にしているすべてを見て、「もう十分だ」と言えるでしょうか。「もう十分に自分は持っている」と感じられるなら幸せを感じるでしょう。

この幸せは、あなたの内面から生まれてきます。しかも、お金が入ってくる前に。あなたも幸せを感じたければ、ただひたすら、幸せで満ち足りた感情のことだけを考えましょう。「自分はもう、十二分にお金を持っている」と感じてください。

そうすれば、もっと必要になったときには、どこかからお金がやってくるでしょう。

あなたもとらわれているかも⁉ お金にまつわるネガティブな考え

「お金は自分のもとにはとどまらない」

私のクライアントの1人は、そう信じて疑いません。彼女は、たとえたくさんお金を稼いでも、それをいつまでも手元にキープしておくことができませんでした。自分の考えたことが、そのまま現実になっていたのです。

私たちは、日々の生活の中で、信じていることを自分の行為で示していきます。けれどほとんどの人が、長い間無意識のうちに信じてきたネガティブな観念には気づいていません。

私たちは、お金に関して世代から世代へと伝えられてきた観念――ネガティブ、ポジティブの両方――を持っています。その中でも、特にネガティブな観念についてよく検討する必要があります。なぜなら、この観念が、私たちの人生に影響を与えているからです。

ひょっとしたら、私のクライアントと同じように、あなたも思わず声を上げるかもしれません。

「これだ！　これこそまさに、私の信じていることだ！」

では、お金に関するネガティブな観念から見ていきましょう。

◎お金は悪い

多くの人が、お金に対してネガティブな見方をしています。少なくとも、お金を扱うときには慎重にならなければいけないとは思っています。お金は間違いなく悪いものなので、細心の注意を払わないとひどい目に遭う、と怖れています。

こういう考え方をしていると、「お金を持つことはよくない」と感じるのも当然です。

したがって、お金から遠ざかる生き方になってしまいます。

◎お金は、あっという間に消える

一番必要なときに、お金は見つかりません。いつの間にか消えています。あなたの生活にやってきたと思ったら、すぐにどこかに消えてしまうのです！

日本では、昔、お金のことを「お足」と呼んでいたことがありました。お金は、あなたのもとからさっさと歩き去っていくようです。おそらく誰もが、この考えには多少なりとも共感できるのではないでしょうか。

◎お金は人を傷つける

これもよくある考えです。けれど、お金には、文字どおり人を傷つける力はありません。「お金が私たちに痛みをもたらす」と考えるから、こういう観念ができるのでしょう。お金は、私たちの自尊心を傷つけたり、かつてのお金との苦い体験を思い出させることもあります。時に、人はお金を武器として使うこともあります。お金を使って相手をやりこめたり、相手を痛めつけられるものを買ったりするのです。あなたがお金を使って責めたら、相手は傷つけられたと思うでしょう。

◎お金は怖い

「お金は何でも成し遂げられる」と思うと、実際よりも大きく見えます。経験的に、私たちは、お金で誰かを傷つけることは可能だと知っています。だから、お金に対して怖れを感じるのです。小さいころ、お金で両親が喧嘩したとか、誰かが怒鳴っていた、怒っていたというシーンを見たことがあれば、「お金は恐ろしいものだ」という認識を持ってしまったのでしょう。でも、おわかりのように、お金そのものは怖くはないのです。人々が、お金とのやりとりの中で、怖れを感じさせるようなことが起きがちだということです。

◎お金は問題を引き起こす

お金に嫌な思い出があれば、お金は問題を引き起こすものだと思うかもしれません。けれど、問題を引き起こすのは、お金ではなく、私たち人間です。約束や契約を破ったり、欲を出してお金を出し惜しみしたり、払うべきものを払わなかったり、他意を持ってお金を使ったりするから問題になるのです。

なので、決してお金自身が問題だということではありません。

◎お金は嫉妬を招く

私たちは概して、ネガティブな注目を集めることを怖れます。たとえば、たくさんお金を持っていることがまわりに知られれば、それが嫉妬を買うということもあるでしょう。したがって、嫉妬されたくないという理由から、たくさんお金を持つことをためらう人が出てくるのも当然です。

もし、あなたがお金持ちを嫉妬していなければ、お金を持っても、嫉妬されるとは感じないでしょう。

あなたもすでに持っているかも⁉ お金にまつわるポジティブな考え

ではここからは、お金に関するポジティブな考え方も見ていきましょう。

◎お金は人をサポートしてくれる

言うまでもなく、お金は人をサポートしてくれます。だから生活していけるのです。お金の力を借りて、新しいことが学べるのです。安全と、生きていく上で必要なすべてのものを手にすることができるのです。

◎お金は人を幸せにしてくれる

前述したように、お金はポジティブな感情も引き出してくれます。たとえほんの少ししか手持ちがなくても、お金に対して幸せな気持ちを抱くことさえできるのです。幸せなエネルギーを与えたり受け取ったりすることで、お金は相手をいい気分にさせることができます。たった1枚のハガキでさえ、誰かを幸せにすることができるでしょう。

◎お金は夢の実現に力を貸してくれる

これもポジティブな考えです。人は、ありとあらゆる夢を抱いています。お金があれば、夢に要する費用をまかなえることもあるでしょう。夢を実現するには、火星旅行ほど莫大な費用が必要なこともあるのです。もちろん、ほとんどお金がかからない場合もありますが。

◎お金は人との絆を結んでくれる

お金を賢く使えば、よりよい人間関係を築くのに役立ちます。たとえば、家族旅行に使うことで、生涯続く幸せな思い出がつくれるでしょう。お金を使ってありとあらゆるおもしろい計画を実行すれば、家族や友だちとの絆を強めることができます。私は、お金を使って、若い学生たちに昼食をご馳走することがあります。20~30人いっぺんに招待して、みんなで笑いながら語り合うのです。

◎お金は人の心を温かくしてくれる

お金があれば、病気の友だちにお花を贈ることができます。児童養護施設に寄付することもできるでしょう。何年か前、ある施設に匿名《とくめい》でランドセルが送られてきました。送り主は有名な漫画の主人公「タイガーマスク」を自称しました。この寄付の話がテレビで放送されると、同じような寄付行為が相次ぎ、こうした支援を必要としている養護施設をはじめとしたいろんなところに、ランドセルやお金が届けられたのです。1人の行為が、みんなの心を揺さぶり、温かい気持ちにさせてくれたのでした。

あなたのお金のファミリーヒストリー（家族の歴史）

あなたの今の経済状況は、あなたのファミリーヒストリー（家族の歴史）と密接につながっています。すでにお話ししたように、私たちは両親から、人生についていろんなことを教えてもらっています。

しかしながら、学校で勉強を習うように、両親からお金について習っていません。代わりに、自習したのです、ごく幼いころから見たり聞いたり、実際に触れたりしてきたすべてのことから。おそらく、お金のことで誰かが怒鳴り声や叫び声を上げたのを何度も聞いたことでしょう。だからあなたも、お金のことで怒鳴ったり、叫んだりしなくてはいけないと学んだのです。

あなたの両親は、支払いをするときにムッとした顔をしていたとしたら、今のあなたも、支払いをするときに、知らない間にしかめっ面をしているかもしれません。

意識はしていなくても、すべての行動――いいものも悪いものも――はもともと、私たちが子どものころに目にして学んできた行動からきているのです。「なぜ自分がそんな行動をしているのか」を意識しなければ、自分の行動を変えることはできないでしょう。

そして、時には、自分の抱えている経済的な問題の原因を明らかにするために、家系図を数世代前まで遡《さかのぼ》らなければならないこともあるのです。

◎あなたの祖父母

私たちが両親から影響を受けているなら、両親がお金に対する態度や考え方をどこで身につけたのかは、想像に難くないでしょう。

あなたの両親の両親、つまりは祖父母です。

お金とあなたとの複雑な関係を本気で理解したいなら、父方と母方、両方の祖父母について、よく考えてみることをおすすめします。私たちの両親が私たちに与えてくれるのは、パズル全体の中のほんの数ピースにすぎません。でも両親には、子ども時代、そして多くの場合、新婚時代にも、両親に影響を与えた人物が４人もいたのです。ほとんどの人が、自分たちの祖父母に子ども時代があったことが想像できません。また、祖父母が苦労したこと、あるいは成功したことなどについて、自分の両親に聞こうともしないのです。

祖父母の職業くらいは知っているかもしれません。会社員、教師、警察官、技師、医者、エンジニア、パン屋など……。けれど、本質的なことは知りません。若いころの祖父母の背中を押したのは何だったのか、どんなことを感じていたのか――つまり、何を一番誇りに思い、何を心配したのか――掘り下げて考えることなどまずないでしょう。

意識してはいなくても、私たちが抱く最も強い怖れは、実は祖父母の怖れなのです。祖父母が経験したことをきちんと調べ、その経験を受け入れないかぎり、「お金に対する自分の態度や考え方こそ正しい」と信じる理由が、本当にわかったとは言えないでしょう。祖父母がすでに亡くなられているなら、同時代の一般的な歴史書を読むことをおすすめします。あるいは、高齢のおじさんやおばさんといった、祖父母を知っている人たちに、祖父母がどんな人たちだったか、厳しい時代をどう生き延びてきたかを聞いてみましょう。

◎兄弟と親しい友人

私たちの無意識のものの見方に影響を与えているのは、両親や祖父母だけではありません。兄弟や親しい友人、もっと多くの仲間たちからも、私たちの行動や考えは影響を受けています。

私の小学校時代の同級生は、放課後にジャンクフードを買い食いするという悪い習慣を教えてくれました。彼には反抗的なところがありました。放課後、親や学校に内緒で食べ物を買うのは厳しく禁じられていましたが、だからこそ、いっそう楽しかったのです！

私も、１人だったらそんなことをしようとは思いもしなかったでしょう。けれど、友だちと一緒なら、カッコよかったり、楽しそうなことができるのです。

私たちは、こうした人格形成期の間、周囲のすべての人の行動に目を凝らし、他の人が無意識のうちにやっていることを真似し、それをどんどん自分のものにしていきます。

そして10代後半になるころには、お金に対する観念や行動、態度を身につけていますが、それらをどの程度しっかりコントロールできるかは、ほとんどわかっていないのです。だから、果たしてどれだけ自分が悪影響を受けているのかも自覚していません。そんな悪影響をなくしていく方法を探さないかぎり、私たちの考え方や経済状態は混乱したままになるでしょう。

あなたの忘れられた心の傷——傷ついた感情を思い出す

子どものころにあったいろんなことを、私たちはどれくらい忘れているでしょう？ それはもう驚くほどです。人は、自分が経験したことでもよく忘れます。虐待されてきた多くの人が、自分はすばらしい子ども時代を過ごしたと思っているのです。家族もしばしば、自分たちの子どもを言いくるめます。

「ああ、お前は本当に運がよかったんだぞ」「あなたはいい暮らしをしてるのよ」「昔は家族みんな、とっても仲がよかったんだ」などなどです。中には、家族みんなで嘘を受け入れる家庭もあります。子どもたちは、ただぼーっと座って、親や自分が小さかったころのことをうっとりと語っています。そうやって、なんとか苦しいことから気をそらしているのです。というより、むしろ誤魔化そうとしています。なぜなら、そのことを思い出せば、つらくなったり不安に苛まれたりするからです。

私も、自分の子ども時代は「よかった」と思って育ってきました。でも、本当によかったわけではなく、ずっと自分にそう言い聞かせてきただけだったのです。そうでなければ

――つらい過去を思い出せば、憂鬱になったからでした。

けれど思い切って、これまで目を背けてきた心のいろんな傷を思い返したら、自分の子ども時代が「よかった」からほど遠かったことがわかったのです。

それは実際、とてもひどいものでした。母の人生がお金――あるいは、お金の話をすることへの怖れに支配されていたので、私の子ども時代も同じだったのです。今でも覚えていますが、一度、母にずっと夢だったアメリカへホームステイに行かせてくれとせがんだことがありました。けれど母は、父にその話をするのを怖れ――父は、自分が無用の出費とみなすことが話題にのぼると、よく怒る人でした――結局頼んではくれなかったのです。代わりに、「お父さんの機嫌がよくなるまで待ちましょう」と言われました。

翻訳すると、「そんなことは絶対にできないからあきらめろ」です。

夕食の食卓で、ホームステイの話を口にすることを禁じられました。私が父親に直接かけ合う勇気を振り絞ることができないうちに、「父を怒らせてはいけない」という怖れのために、海外ホームステイの夢（と他の夢も）は打ち砕かれてしまったのです。

成長すると、私は自分の夢を口にせずにいることが多くなりました。何よりも、母が父から暴力を振るわれないようにするためです。父は、暴力に訴える人でした。それは、私が子ども時代に経験した、恐ろしくてつらいことでした。

父は、些細なことですぐに怒りを爆発させました。何か気に入らないことがあると――子どもが夏のキャンプに行きたいということでも――激怒しました。

子どもは、親が好きでよく口にしていた言葉を覚えていることがあります。私の母の場合は、とても示唆に富んだ言葉でした。

「ベストを尽くせ！」とか「人生を楽しもう！」「失敗しても、大丈夫」「本気でやれば、なんだってできる！」というポジティブなものではありません。

代わりに母が私に教えてくれたのは――

「寝ている子を起こしちゃダメよ（波風を立てちゃダメ）」

「自分の気持ちは口に出さないこと」

「お父さんの機嫌がよくなるのを待ちましょう（何も余計なことは言わないように）」

そうやって、言外にするべきではないメッセージが、隠されていたのです。こうした母の言葉に、私は長い間苛まれました。日本では、家庭内のゴタゴタを話すのはタブーとされています。家族を養うために一生懸命働く父親、子育てに献身的な母親のことを遠回しに非難することもダメなのです。

私の父親は、息子である私に、お金のことをいろいろ教えてくれた反面、同時にお金に対する健康的でない考え方も、自然に植えつけました。

私の中に植えつけられたネガティブな観念や怖れを癒していくのは、容易なことではありませんでした。そのためには、まず、こうした怖れや考えが私の中にあるという事実から目をそらすことなく、見つめていくしかなかったのです。

それは、おそらく父親が子どものころに味わったものであり、ひょっとしたら、祖父が感じたものだったかもしれません。私の中で癒しが進むにつれて、先祖代々のマイナスの連鎖も切れて、それが祝福に変わった感じがします。

子どものころのトラウマや嫌な出来事を思い出すのはつらいかもしれませんが、お金との関係をどうしても変えたいなら、これは避けては通れない道です。

過去に感謝して、最高の未来をつくる

日本には、定期的に祖先に感謝する習わしがあります。これまでに起きたすべてを意識するようになると、あなたがこれからすることに対して、一段と感謝の念を抱けるようになります。また、自分と過去を結びつけることで、今あなたがここに存在することを可能にしてくれている、命の連鎖を感じることもできます。

あなたが生まれるまで、どれだけ大変なことをあなたの先祖が乗り越えてきたのか、想

像してみましょう。飢饉、戦争、不況など、生存が脅かされるようなことが何度もあったはずです。

先祖が住んでいた過去から、未来へと延々と続く時の流れの中に自分がいることを自覚できれば、未来への責任感とともに行動していけるでしょう。それは、自分に子どもがいなくても同じです。

加えて、現在の自分のまわりの状況——自分の行動が、自分はもとより周囲のすべての人にも影響を及ぼすということも、より意識するようになります。

あなたのすべてが、まわりの人々、これから生まれる人たちのエネルギーが織りなす大きなつながりの一部であることがわかるでしょう。

たとえば、あなたがレストランで食事するところをイメージしてください。お皿にのっているレタスは、誰かが盛り付けてくれたものです。その前には、誰かがトラックで畑から運んでくれたはず。さらにその前には、誰かが大事にレタスを育てて、収穫してくれたでしょう。

こうしてみると、今の自分の生活が、ものすごい数の人たちによって、広範にわたってできたつながりによって支えられていることがわかるでしょう。自分は、つながりの中のほんの小さなピースにすぎないと悟りさえすれば、自然と感謝できるようになるでしょう。

そのつながりを見ることができれば、満ち足りた気持ちになれます。たとえレタス１枚でも、当たり前だとは思わなくなり、ありがたいと感じるでしょう。そして、ちょっとしたことへの感謝の気持ちは、過去や未来、現在とのつながりを意識するたびに、どんどん広がっていくのです。

自分の過去を見つめ直して、それを受け入れることができれば、気持ちも楽になり、痛みを癒し、今後の行動パターンも変えていけるでしょう（もうすでに、過去をとても幸せな気持ちで受け入れているなら、もっと簡単に、すばらしい未来を思い描けるでしょう）。

未来を大きく左右するのは、今までの私たちの考えと態度です。つらかった体験を受け入れ、そこから大事なことを学べれば、この先また大変なことがあっても、きっとポジティブな態度をとり続けられるでしょう。

要するに、**あなたの未来をつくることができるのは、あなたしかいない**のです。そしてそれは、現在のあなたがどう考え、どう行動するかで、ほぼ決まっていきます。

私たちは、自分の観念や言葉、態度をエネルギーとして世の中に送り出し、それがまたエネルギーとなって、私たちのもとに戻ってくるのです。

第4章

お金の流れ

——「Happy Money」の流れ、「Unhappy Money」の流れ

お金は、流れている「エネルギー」

最初にお話ししましたが、多くの人は、お金というものを狭くとらえています。お金といえば、たまに使う紙幣や硬貨のことだと単純に考えがちです。ところが、私たちはだいぶ前からクレジットカードを使って買い物をし、今ではスマートフォンを使って決済しています。もはや、何かを買うのに現金はいらないのです。

でも、よく考えると、クレジットカードはお金ではないし、スマホもお金ではありません。とはいっても、お金は、クレジットカード、スマホ経由で、自分の口座からどこかに流れているように見えます。

お金とは、いったい何でしょうか?
お金はどこからやって来るのでしょうか?
お金の価値はどこで生まれるのでしょうか?

第1章から第3章で、お金のことをいろんな角度から見てきましたが、主に、〝あなたにとっての〝お金の「意味」、そして、あなたとお金との関係に目を向けました。あなたがお金をどういうものだと考え、過去の経験からお金についてどう感じるようになったかということに注目したのです。

この章では、さらに視野を広げてみましょう。

お金は至るところに――特に人々の間に――流れている「エネルギー」だと考えてください。今は、お金を使うといっても、実際に現金を相手に手渡すわけではなく、比喩的な意味で持ち主が変わるだけです。

あなたは、何かを買うとき、その対価としてお金を払います。でも、いったい誰に、どのように、お金を払っているのでしょう？

もちろん、それを売ってくれた人か会社にです。でも、相手が見えるかどうかは問題ではありません。オンラインで買っても、対面販売で買っても、お金は交換手段――言ってみれば、流れ（current）なのです。だから、「通貨（currency）」と呼ぶわけです。

お金がエネルギーであり、絶えず流れているのなら、今、家庭、地域、社会集団において、**私たちのまわりを流れているということです。お金はどこにでもあり、見えなくても存在しているのです。**お金を流れているエネルギーととらえれば、確実にものの見方が変わります。

都会では、大量のお金がすごい勢いで流れています。住民はガソリンスタンドで給油したり、野球の試合や映画を観に行ったり、外食を楽しんだりしますが、すべてにお金が必要で、何百万人もの都会人が品物やサービスと引き換えにお金を払っています。

一方、田舎では、それと同じようなエネルギーは感じられません。なぜなのでしょう？

それは、人々とお金を使える施設との間に広大な空間があり、エネルギーが拡散して弱まるからです。都会に暮らす人が、田舎は退屈で、何かが「違う」ように感じるのは、思い過ごしではありません。

また、お金持ちと付き合って感じる違和感は、彼らが速い流れの中で、パワフルな人たちとものすごい速いスピードで活動しているからなのです。

「Happy Money」の流れを手に入れる、たった1つのコツ

では、「Happy Money」、つまり、「高エネルギーで流れるお金」をどうやって手に入れるのでしょうか？　それから、「Unhappy Money」、つまり、「低エネルギーで流れるお金」

からどうやって逃れればいいのでしょうか?

その方法をお教えしましょう。今はとても無理なように思えて、少し戸惑うかもしれませんが、少しだけ我慢して私の話に耳を傾けて、お金を流れ——現金や数字ではなく、エネルギーと見なしてください。そうすれば、なじみやすいコンセプトになるでしょう。

これからお話しすることにちょっと驚かれるかもしれませんが、こう考えるのは私だけではなく、同じように考える専門家や先人たちがたくさんいます。

「あなたには、自分のお金に注入するエネルギーに責任がある」

あなたがそう望めば、自分のお金（量）と流れ（スピード）に、エネルギーを注入できます。プラスのエネルギーをチャージする、つまり、お金にかかわるエネルギーのレベルを上げれば、お金の流れがよくなります。それが宇宙の法則なのです。

それでは、どうすれば、積極的にお金にエネルギーを注入して、自分発でHappy Moneyをつくり出せるのでしょう?

それは、**「心から感謝する」**ことです。そう、ただそれだけなのです。

「Happy Money」の流れの中にいる状態とは？

感謝の気持ちを示すだけで、Happy Money の流れに勢いをつけることができます。仕事がうまくいって報酬をもらったら、心からお礼を言って受け取りましょう。そうすれば、お金がさらに速く流れているように感じられます。

上司、同僚、従業員、クライアントから感謝された場合も、そこには、エネルギーが勢いよく流れているように感じることでしょう。あなたの仕事が高く評価されているとき、あなたにはすばらしい「価値がある」ということです。

そして、「価値がある」とは何を意味するのでしょう？

そう、それがエネルギーです！

プラスのエネルギーとはどんなものでしょうか？　Happy Money です！

自分の仕事についてクライアントやお客さんから感謝される、あるいは、専門家らしい態度でお客さんに接しただけでも感謝されるとき、あなたはポジティブにチャージされたHappy Money の流れの中にいます。

自分の仕事に喜びを感じ、同僚やクライアントとともに仕事をすることを誇りに思い、彼らと一緒に働かせてもらうことに深く感謝していると、あなたは自分のHappy Moneyの流れにプラスのエネルギーを注いでいます。他の人たちと一緒に働くことを何よりも光栄に思うときも、同じようにHappy Moneyにポジティブなものを加えていっています。

お金が入ってくるときだけでなく、出ていくときでも、お金の流れにエネルギーをチャージすることができます。洋服、レストランでの外食、映画などにお金を使うとき、理想どおりの製品やサービスを見つけてワクワクして「ラッキー！」と思っていると、Happy Moneyのポジティブな流れに勢いをつけます。サービスや製品に喜びを感じてワクワクし、感謝の気持ちを示すたびに、Happy Moneyを世に送り出しているからです。

友人にお金をあげたり、チャリティーを支援したり、最終的には地域社会や世界に貢献する地元のスタートアップ企業に投資したりすると、自分の人生だけでなく、他の人々の人生のHappy Moneyの流れもよくしていることになります。

お金の流れを感じ、観察する

世の中をじっくり観察すれば、目の前にお金の流れがあるのが、はっきりと見えてきます（前にお話ししたように、人里離れた田舎に住んでいれば話は別です）。

私が小さいころ、父に連れられて小さな商店街に行ったときのことです。

「どこが一番儲かっていると思う?」と、父は私に聞きました。

そして、何軒かの店の入り口から中を覗いて、それぞれの店にいるお客さんの人数を数えるように言いました。それから、私が目にしていることについて説明してくれました。

私はお客で混み合っている店を見て、「お客の出入りが多いから儲かっている」と思ったのですが、それは勘違いだと教えてくれたのです。

お客の出入りの多さだけでなく、客が買ったものの値段も重要だということです。そこにはいろんな業種の店があり、お客の人数や品物の数もさまざまでした。魚屋さんと八百屋さんが一番賑わっていて、ひっきりなしにお客が出入りしていましたが、それらの店のお客は安い品物を抱えて、すぐに出てくることがわかったのです。

次に布団屋さんを観察すると、それほどお客は多くなかったものの、一度売れただけで、何日も家族を養えるということに気づきました。さらに数軒向こうに、不動産屋さんがありました。家の売却はもっと大きな利益を生み、不動産屋さんが家を1軒売れば、その売上で何カ月も生活できるでしょう。

その日、私が学んだ教訓は、「お客が多いからといって儲かるビジネスだとは限らない」ということです。

幼い私には目からうろこの教訓で、そのことはずっと頭から離れません。今、商店街に行くと、そこに並ぶ店の業種は変わっていますが、お金のルールは同じなのです。

練習のために、あなたも最寄りの商店街やショッピングモールに行って、お金の流れを感じ取ってみてください。買い物をしている人を観察し、何人のお客が出入りしているかにも注目してみましょう。

エネルギーやお金の流れを感じられるようになると、今まで気づいていなかったことがわかるようになります。

お金とは流れである――収入が多いと、支出も多い

これまでの人生を振り返ると、お金に関する浮き沈みはすぐに思い出せるものです。たぶん、銀行に預金があるので安心していたときのことを覚えているでしょう。また、お金をすごく稼いでも、より多く使ってしまって収拾がつかなくなったり、怖くてたまらなくなったりした時期もあったでしょう。あるいは、まったくお金がなくて途方に暮れたり、人生に絶望したりしたかもしれません。

「あぶく銭は身につかぬ」ということわざがありますが、急に入ってきたお金がすぐに消

えていくということを体験した人もいるかもしれません。

生きるために食べ物を食べる必要もあれば、それを排泄物やエネルギーの形で出す必要もあります。流れ——言うなればバランス——があるはずで、それが自然の法則なのです。

そして、自然の気まぐれをコントロールできないように、お金の流れを意図的に変えることはできません。引力が潮の満ち引きをコントロールしているのと同じく、経済がお金の満ち引きをコントロールしています。

お金が入ってきても出ていっても、安心感と感謝の気持ちを持てるのが、理想です。お金が入ってくれば、お金が自分のほうに流れてくる感覚を楽しみながら、感謝する必要があります。

また、お金を使う、あるいは手放すことが、手に入れるのと同じような喜びをもたらすのを実感できるかどうかです。

自然の法則によって、やがてはお金が自分のところに戻ってくることを理解して、投資や支払いをするときも、感謝しながらお金を送り出すことです。

お金の流れに関する最大の謎は、「どんな人がお金を受け取る側になれるのか」ということです。腹黒くて意地が悪く、恥知らずで汚い手を使う人たちがお金持ちになれるのは、驚くようなことでも何でもありません。そんな人たちではなく、「優しくて正しいことをする善人にお金持ちになってほしい」と私たちは望むものですが、実体験からわかっているように、実際にはそうはいかないことが多いのです。

では、一見悪人に見える人が、なぜ大金を受け取れるのでしょうか？

お金を引きつける磁石になる

私のメンターが、「お金はエネルギーで、人間は磁石のようなものだ」と教えてくれたことがあります。自然界では磁力は力であり、エネルギーの源をあるものから別のものへと変換するのに役立ちます。

お金を引きつける磁石――お金の流れの通り道にいるように見える人たち――は、道徳的に正しくなくてもお金を受け取れるのです。

たとえば、自然に落ちてきた岩が、善人の頭上に落下するか、悪人の頭上に落下するかがわからないように、自然は差別しません。同じように、お金にも差別はありません。

いい意味でも悪い意味でも、お金は人を判断せず、ただ単に引き寄せられるところに行くのです。人間や企業、そして国は「磁石」あるいは「力」ですから、お金の流れを引き寄せる力を持っているところに、お金は流れていきます。

腹黒い人や組織や国が私たちよりお金を持っていると、「フェアじゃない！」と思い切り叫びたくなるかもしれません。

私がメンターに「この世界に、正義はないんですか！」と言うと、彼は笑みを浮かべて、こう話してくれました。

「お金は神様ではなく、中立的なエネルギーにすぎないんだ。磁力にはポジティブなものとネガティブなものの2種類があり、どちらも同じ力を持っている。そして、パートナーシップと同様、善人にも悪人にも、同じくらい引きつける魅力があるのだよ」

ネガティブな磁力の強い人にも、お金は引き寄せられる

このようにお金を引きつける人たちとは誰でしょうか？

お金の磁石（money magnet）という言葉は、お金儲けに対するとてつもない欲望を示しています。彼らはお金が大好きで、お金をもらって当然だと思い、お金を稼ぎ、いつも絶やさない方法について考えています。そうした人の多くは子どものころに苦労し、「お金があれば救われる」と考えることが慰めになっていたのです。お金によって人生の不公平をすべて克服できるというわけです。それはまるで、心の中に掘った深い穴（ブラック

ホール）が、強力な磁力を持っているようなものです。詐欺師や悪人やモラルに欠けたように見える人たちは、このメカニズムでお金を稼いでいるのです。

これが、ネガティブな磁力です。詐欺師とまでいかなくても、調子がよかったり、ずるい人の中に、なんとも言えない魅力を持っている人がいるのは、この磁力を持っているからです。

彼らには、独特のカリスマ性、ビジョン、説得力があるので、一定の人が、催眠術にかかったかのように引っかかってしまうのです。

しかし、詐欺師や強欲な人は、悪魔とトランプをしているようなもの。前にお話ししましたが、お金は潮の満ち引きのように出入りを繰り返していますから、稼げることもあれば失うこともあり、やがてはお金を失う恐怖がお金の流れを止めることになります。

彼らはお金を失うと、もっと手に入れたくなり、その磁石は再びお金を引き寄せ、果てしないサイクルが続き、やがて何かのきっかけで破綻《はたん》してしまうのです。

これとは逆に、お金が大嫌いな人たちは、お金を遠ざけるようです。彼らは、つらい子ども時代に、「お金こそがすべての問題の原因だ」と教えられ、「お金なんか、ないほうがいい」と考えるようになっています。そして、人生がそのとおりになっています。

ポジティブな磁石になる

でも、善人がお金の流れを引き寄せる強力な磁石になる方法があります。

それは、ポジティブなエネルギーを出すことです。前向きな姿勢で生きる人はポジティブなエネルギーを出し、それがお金を引きつけます。自分の仕事がおもしろくてたまらず、感謝と幸福のエネルギーを出していると、驚くほどお金の流れを引き寄せます。

料理をつくってお客さんに食べてもらうのが大好きなレストランのオーナーは、どんどんお客さんを呼び込み、お金も引き寄せます。完璧なしみ抜きに情熱を燃やすクリーニング屋さんは、たくさんの固定客を引きつけるでしょう。

また、正義のために情熱的に活動する弁護士のもとには、順番待ちのクライアントが列をなしているに違いありません。

愛とエネルギーと思いやりのある人は、魅力的で人を引きつけます。本当にすてきな人に魅力を感じるのは偶然ではなく、当然なのです。花が大好きで美しい花束をニコニコしてつくる花屋さんと、ただの仕事として暗い顔をしてやっている花屋さんのどちらから花を買いたいでしょうか？

親切で情熱的で熱心な人がお客さんを引きつけ、お金も引き寄せるのは、「魔法」でも何でもありません。彼らはそのうちに、間違いなく富を築くことができるのです。お金儲けが必ずしも優先事項や目的ではなくても、**愛とサービス精神にあふれた人**は、想像以上にお金を稼げるのです。

支出より、収入のほうが多い場合

一般的に、出ていくお金より入ってくるお金のほうが多いと、人生がうまくいっていると感じるものです。そしておそらく、自分のやっていることにワクワクしているでしょう。興奮を抑えきれないときもありますが、たいていは、とにかく楽しいのです。

今は、人生を楽しむべき時期です。過去にやってきた、きつい仕事に対する報酬となって自分に返ってきています。これは、私たちがやるべきことをやっている――主として人に奉仕して、幸せを運んでいる――ことをはっきり示しています。

また、この時期には、お金が潮の満ち引きのように出入りするのは当然だと思って、将来のために貯金したり、投資することを考える必要があります。仕事のために新しい機器を買う。新しいことを学ぶ。新たな趣味を見つける。人に還元し続ける方法を見つけましょう。

ところが、多くの人は、この時期にお金が入ってきても、それを「楽しんだり」、自分自身や将来に「投資したり」しないで、「これはいつまでも続くだろう」と考え、生活のレベルを上げます。そうなると、相変わらず収入以上の生活をするので、また生き残りのためにもがくことになるでしょう。


そして言うまでもなく、いったん浪費癖がつくと、なかなか抜け出せません。とっくにそんな浪費はできなくなっているのに、浪費を続けることを社会や家族が望んでいると大変です。ずっとやってきたことだから、「外食し、パーティーを開き、気前よくプレゼントすることを期待されている」と考える人が多いのです。でも、予定していたお金が入らなくなると、悲惨なことになります。

「こんなに税金を払わなきゃいけないって、どういうこと?」

「この予想外の医療費はいくらになるんだろう?」

そうやって驚く人は、普段から何の準備もしていない人です。

収入が必要額より、少ない場合

たいていの人は、こんな経験をしているでしょう。そして、これが人生で一番恐ろしい時期であることは、火を見るよりも明らかです。ひどくお金に困っているときによく感じる体の感覚は、誰にでも身に覚えがあるでしょう。胃が締めつけられるように痛み、胸を締めつけるようなプレッシャーを感じ、脈が速くなります。

大切な売買契約が失敗に終わり、期待していた手数料がもらえないかもしれませんし、あるいは、冷蔵庫やクーラーが故障して、取り換えるのに20万円必要になる（が、お金がない）かもしれません。

または、他の多くの人のように、学費ローンやクレジットカードで借金漬けになり、とても返済できそうにないと感じることもあるでしょう。

私たちのほとんどはこんな問題に直面しますが、その問題に「どう」向き合うかによっては、ポジティブな結果がもたらされます。

誰も災難や苦悩を免れることはできません。ですが、ストレスいっぱいの状況は、最高の教師になります。災難や苦悩は、私たちが必要としていることや望んでいることを教えてくれますが、たいていは、私たちを成長させてくれます。そしてもちろん、成長には痛みが伴うことがあり、その痛みは「成長痛」と呼ばれ、誰もがそれを経験しています。

あなたが独身で、つましい生活をしているなら、十中八九、お金のことはほとんど心配しなくていい生活を築いたといえるでしょう。

ですが、あなたがこの本を読んでいるのなら、これまでの人生でお金に関するストレスを抱えてきたのでしょう。また、あなたが既婚者で子どもがいるなら、経済的なプレッシャーを感じている可能性が高いはずです。

実際に、日常生活でお金のストレスが襲ってきます。子どもたちが大きくなるにつれて、欲しがるオモチャが急に高価なものになり、習い事、コンサートやスマートフォン、コンピューター、あるいは、ホームステイ、海外旅行まで、どんどん高価なものをねだられるようになります……。

数え上げたらきりがなく、値の張るものばかりです。さらに加えて、大学の学費もあります。いつも挫折の瀬戸際にいるような感じです。今の仕事でクライアントを1件失えば、失業するかもしれませんし、散財したお金の使い道をめぐって夫婦喧嘩が再燃したら、ただちに離婚になりそうです。

ただ、こんな状況は一時的であること、また、もっと収入がアップしても問題が解決するとは限らないことを忘れないでください。ご存じのように、お金はあればあるほど使ってしまうものなのです。

むしろ、この厳しい時期を内省と成長の期間ととらえ、人生にお金の流れを引き寄せるためにやるべきことを見極めましょう（まずは、自分が「持っている」ものに感謝してください）。それから、幸せで情熱的にワクワクすることにフォーカスするのです。

収入と支出の流れが、どちらも増える場合

入ってくるお金と、出ていくお金がど～んと増えると、あなたは自信満々になるでしょう。先ほどお話しした、あのつらく厳しい時期を乗り越え、そのときに学んだかけがえのない教訓が、今こそ役に立つのです。あなたはおそらく、お金をやりくりしてうまく投資する達人になっているでしょう。これまで、成長するのは苦しいことでしたが、今はそれほど苦労したり悩んだりせずに成長できるように思えます。

しかも、以前の状況とは違い、あなたは自由に選ぶことができます。

自分の希望やリスクに挑戦する姿勢に応じて、ブレーキを踏んで成長の速度を落とすことも、アクセルを踏んで加速することもできるのです。ブレーキを踏むことにすれば、間違いなくもっと静かで落ち着いた人生になるでしょう。しかし、あなたがもっと頑張って人生とキャリアをレベルアップする気になっているのなら、今が行動するときです。リスクはありますが、通常はトラブルよりも楽しみのほうが多いものです。

収入も支出も、ほとんどない場合

これぞまさしく「お休みモード」で、たいていの人はこんな時期を経験しているでしょう。これは通常、行動や自主性の不足からきていて、仕事をしたり、人と接触して他の活動をしたりしていない状態です。なぜでしょう? 何年も奮闘を続けて燃え尽きる人もいるでしょうし、活動や仕事をもっと引き受けてストレスと闘おうとすることもできるでしょう。こうしたときには、深い心理的な力が作用しています。

自分は「優れている」「価値がある」、あるいは「評価を受けていいはずだ」と思えない人は、健康的な日常生活を避けがちで、一挙手一投足が不安と恐怖に支配されています。お金を使うことも稼ぐこともせず、そのおかげで、つらい喪失感も、成長の苦しみも、失敗や失望の不快感も、味わう必要がありません。

もし、これがあなたに当てはまるようなら、残りの人生もこんなふうに生きていけると思いますか？

あなたは、このライフスタイルにうんざりしたことはありませんか？

あなたがいつも何事にも無関心で飽き飽きしているのなら、今が、何かを始める絶好の機会かもしれません。もっと行動すると、収入と支出が増え、同時に、人間としての経験も増え、あなたの人生が、始まるのです。

そしてもちろん、こうした経験にはストレスもついてきます。でも、あなたがお金を儲けたり使ったりしない唯一の理由が、ストレスを避けることだとしたら、私はこうアドバイスします。

「ちょっとストレスを感じるのは、おもしろい人生につきものですよ」

富には、「ストック」と「フロー」の2つの要素がある

富は、「ストック」と「フロー」の2通りに分けられます。

「ストック」には、貯金や株式、債券、不動産が含まれ、これらは、いわゆる純資産、つ

まり財務的価値があるものです。それには、有形のものもあれば、他のものに替えられる単なるデジタル世界の数字もあります。資産を活用すれば、食べ物やその他の品物を買うことができます――株式や債券や不動産のような資産はすべて、配当金や賃借料としてお金をもたらすのです。ただ、他の種類の資産――美術品、クラシックカー、宝石、ゴールドなど――は、単に「価値を維持する」だけで、売ったり交換したりしなければ何も生み出しません。

「フロー」は、あなたの収入です。資産を持っていれば、そこから収入を得られますが、資産を持っていなければ、仕事をしてお金を稼がなければなりません。そして、あなたがどんなフローを生み出すかで、生活のクオリティが決まります。楽しく幸せなフローをつくり出せば、日々の生活で喜びを感じてワクワクできます。また、十分な資産を持っていれば、仕事について心配しなくてよくなります。

お金のことを考えるとき、ストックとフローを混同しがちなものです。ほとんどの人は、お金とはフローのことだと思い、資産にはあまり注目しません。

労働者は、自分の仕事を収入源と見なしています。彼らは、収支管理の見方で、収入が支出を上回らなければならないと思うでしょうが、「フロー」をネガティブにとらえる

——入ってくるものはいずれ出ていってしまうと考える——ことはしません。何の保証もないのに、多くの労働者は、「フローの安定した収入が一生続く」と決めてかかります。「仕事があるから、一生安心だ」と彼らは心の中でつぶやきますが、その後、レイオフされたり工場が閉鎖されたりすると、ショックを受けるのです。でも、フローの起伏の激しさを理解していれば、収入は永久に保証されないことがわかるはずです。

そして、「安定した収入が、必ずしもずっと続くとは限らない」ことに気づけば、しっかり将来に備えることができます。

ところが実際は、ほとんどの人は、今問題がなければ、リスクを自覚して将来のために準備したりしないのです。

しかも、育った家庭で収入には波があることを教えられず、「学校に行って、それから就職すれば、一生安泰だよ」と言い聞かされていた場合、自分の働く業界が打撃を受ける、あるいは自分の業務が必要とされなくなると、まさに青天のへきれきでショックを受けることになるでしょう。

「盲信」と「本当の信念」とはまったく違います。「盲信」とは、つまり、「すべてうまくいくさ」と思って、何かが変わるのをただ待っていることです。一方、「本当の信念」の場合には、自分の能力を信じ、もっとポジティブな方向に進めるように、お金の仕組みに関する知識の実践をすることを意味します。

たとえば、あなたがフリーランスの仕事をしていたら、仕事量が変動するのはわかっているでしょう。仕事の依頼が殺到することもあれば、ぶらぶらしながら仕事を待っていることもあります。ですから、当然、あなたの収入も上下します。

ベテランのフリーランサーは、フローが当てにならないことを大半のサラリーマンより自覚しているので、仕事が干上がる時期のために、念入りに準備しています。経験から、保証は何もないことがわかっていて、収入が保証されるという甘い期待や盲信はしません。フリーランサーは、サラリーマンほど考えが甘くありませんが、その代わり、いつも心配している人が多く、それも健康によくないことかもしれません。

理想の状態——流れのある湖

「ストックとフローを両立させている状態って、どんなものですか？」と聞かれることがあります。それは、流れを伴った湖です。

「流れのある湖」のコンセプトとは、要するに、豊かさの状態です。私たちが豊かな状態になると、絶え間なくお金が入ってくる一方で、長期間安心していられる十分な蓄えがあるように感じます。ホントに、これは最高の気分です！

すでにこんな状況になった経験があれば、そうなると毎日のお金の出入りを心配しなくていいことがわかっているでしょう。新鮮な水が絶えず流れ込み、満々と水をたたえた大きな湖がこの先ずっとそこにあるように、あなたのお金もそこに存在しているのです。

あなたにも、いつかこのような状態になってほしいと願っています。そのために大事なのは、自分だけでなく他の人にも与えられるだけのストックとフローを維持することです。

よどんだ水——ほとんど流れのない池

十分にストックがあっても、あまりフローがなければ、お金はほとんど流れのない池になってしまいます。そうなると、あなたは手持ちのお金にしがみつくことになります。それほどお金は入らず、出ていくお金もあまりありません。すると、不純物をろ過されない池はどうなるでしょうか？　水が腐ってしまうのです。

こうした現象の例は、文学や歴史の中にいくらでもあり、チャールズ・ディケンズのエベネーザ・スクルージ（訳注：『クリスマス・キャロル』に登場する守銭奴の老人）を見るだけで十分にわかります。

フローと資産をたっぷり持っているお金持ちが自分のお金にしがみつき、全生涯が破滅に向かうのを目の当たりに見せられるのです。彼は人生に対する愛を失い、たった1人の友人（ジェイコブ・マーレイ）を亡くし、従業員に対してひどい扱いをしています。汚れた溜め池をきれいにするには、水を汲み出してろ過するしかありませんが、その水があなたの池に貯め込んでいるお金だとしたら、あなたが気にかけている人や慈善活動のために、そのお金を使うといいでしょう。お金をろ過するのに、これほどいい方法はありません。

自分に合った健全なストックとフローを生み出す方法

先にもお伝えしたとおり、お金にはストックとフローの側面があります。十分なストックとフローをつくり出すことができれば、お金に関するストレスはほとんど感じなくなります。

その金額は、ライフスタイルやニーズや優先順位によって変わってきますが、実際に自分に合う金額をどうやって見つけ出せばいいのでしょうか？

あなたがこの金額をあまりに高く設定したら、多くの人がハマったのと同じワナ――ぶっ通しで働いても決して満足できない状態――にハマってしまうでしょう。

あなたが安心するためには、どれくらいの資産といくらの収入があれば理想的なのか、見当をつけてみましょう。それから、自分の理想に近い生活をしている知人や尊敬する人を見つけ、その人たちがどうやってそこに到達したのか、調べてみてください。

その人と親しいのなら、アドバイスをお願いしましょう。彼らの洞察と知識を熱心に教えてくれるかもしれません。彼らは、偶然そこに行き着いたわけではなく、一定の考え方によって、経済的な成功を収めています。

あなたが会社勤めをしていて、自分の好きな道を歩んでいる気がしない、何もできなそうだと感じているのなら、今の安全地帯から踏み出して、自分の才能にふさわしい仕事を探す必要があります。

もっと貢献できる道を見つけましょう。あなたが最高に輝ける場所に近づくことができれば、人を引きつける力が増し、あなたの収入もアップするに違いありません。

自分にとっての「理想的な経済状況」を見極めるコツ

あなたの理想的な経済状態を見極めるのに一番いいのは、今から5年後のあなた自身を思い描くことです。少し時間を取って、次のことをイメージしてみましょう。

5年後、経済的に、あなたはどうなっているだろうか？
あなたは何をしていたいのだろうか？
どうしたらあなたの才能を使って世の中に貢献できるだろうか？
あなたのライフスタイルはどんなものだろうか？
あなたはほほ笑んでいる？
あなたは幸せだろうか？

ここで大胆になってください。ある若い主婦は、ビジネスオーナーになっている自分を思い描きました。そして3年も経たないうちに、彼女の夫よりたくさん稼ぐようになったのです。5年後をイメージできたら、次に10年後の自分を思い浮かべましょう。

今の私は何者だろう？
私は何をしているのだろうか？
私はどんな貢献をしているのか？
私はどんな資産を持っているだろうか？
私の収入はどのようになっているのか？
私はどんな人助けをしているだろうか？

こんなステップで取り組めば、あなたの夢は、予想外の形で叶うでしょう。

「手っ取り早く儲ける」に要注意――破産への近道

これまで多くの人にお金のことを教えてきましたが、いつも最初にクライアントに聞くのは、「どうやって、お金を儲けているか」ということです。値段が安い商品やサービスで稼いでいる人もいれば、高級な宝石など、高い商品やサービスを扱う人もいます。

そして、どんなベンチャービジネスを選ぶかで、その人の人となりがよくわかります。

当たり前のように思えるでしょうが、自分なりのやり方で貢献して、少しずつビジネスを立ち上げたい人は、ささやかなビジネスを選びます。

一方、野心的な人は、もっと費用のかかる、リスクの高いベンチャーを選ぶ傾向があります。そういうビジネスでは、一度売れると、大きな利益を上げることができます。彼らは好印象を与えるようにおしゃれをして、立派な時計やブランドバッグなどの贅沢品を好み、高級車を乗り回します。

でも、私の経験では、「どうやってお金を儲けるか」が、まさに「どうお金を失うか」につながっています――手っ取り早く儲ければ、そのお金は、あっという間になくなり、時間をかけて地道に儲ければ、ゆっくりとお金持ちになることができます。

たとえば、一時は成功を収めたものの、破産した大実業家や有名人、思わぬ大金を相続しながらあっという間にすべてを失った人の例はいくらでもあります。私の知り合いには、100万部以上著書を売り上げたのに、一度の投資の失敗で全財産を失った人もいますし、新しいオフィスや工場にお金を注ぎ込んで、スッカラカンになった人もいます。

こうした話の教訓は、「注意していないと、儲けたお金はすぐに消えてしまう」ということです。宝くじに当たった人と同じで、そのお金が自分のお金――正当な所有物で、大きな喜びを感じながら人に奉仕して、誠実に稼いだお金――だという気がしないのなら、それを失いやすいのです。
まさに、「あぶく銭は身につかぬ」ということわざのとおりです。

ゆっくり儲ければ、安定したお金持ちになれる

あぶく銭とは逆に、お金がゆっくり入ってくると、普通、ビジネスと人生の両方の面でうまくいきます。ゆっくり時間と手間をかけてお金持ちになる人は、そのお金を長期間持ち続ける傾向があるのです。

短期間で稼ぐ人が稼いだお金をたちまち失ってしまう原因の1つに、「お金に対する心構えができていない」というものがあります。そんなときに役立つ経験が豊富というわけでもなく、結局は早まってお金の使い道を決めてしまい、それが判断ミスであることが多いのです。その理由は、たいていは恐怖に駆られたり、過度なワクワク感で判断してしまうからです。そして、一般的に、「怖い」という理由で決めると、まずい決定になりがちです。「いくらでも機会がある」と考える豊かさの神話ではなく、人に先を越されるのを恐れる欠乏の神話に基づいた決定になるからです。

億万長者が生まれやすい職業として、なぜかクリーニング屋さんが挙げられます。クリ

ーニング屋さんには、宝石屋さんなどの華やかさや高級感はありませんが、最終的な儲けは、他のどの店にも引けを取りません。お客が何度か来店してやっと売れる宝石屋さんと違って、クリーニング屋さんの仕事は安定しています。料金は安くても毎日少しずつ儲けているので、長期間続けることができれば、お金持ちになれます。それが、どんな分野であれ、継続的な収入、リピートがあると、財産を築けることが多いのです。

ですから、あなたがお金持ちになりたければ、まずは、心から楽しみながら目標を目指して行動し、成長し、貢献することのできる職業を見つけるべきです。

医師、弁護士、会計士、クリーニング屋、宝石店、シェフ、作家、花屋、芸術家、歌手、セールスなど、どんな職業を選んだとしても、間違いなくお金持ちになれます。

大事なことは、「何をやるか」ではなく、「どのようにやるか」です。

時間がかかるかもしれませんが、あなたのスキルと才能が輝く場所を見つけることが、確実に成功するためには何より大切です。やるべきことを見つけるのに10年かかっても、まったく大丈夫です。

それを見つけてうまくやれば、ある程度の時間差はあるかもしれませんが、きっと成功できるでしょう。誰でも最初の数年間は振るわないものですが、一度地位を築くことができれば、Happy Moneyが人生に入ってくるようになるのです。

お金が流れる場所に行く――多くの人＝エネルギー＝お金

お金は、すでにエネルギーのある場所へと流れていきます。つまり、お金は、誰もいなくて、何もない場所には流れていかない性質があります。

だから、ニューヨーク、ロンドン、パリ、ベルリン、ドバイ、上海、東京といった大都市に多くのビジネスチャンスが見つかるのは当然です。

人が多く集まる場所に、お金は流れていくのです。

そんなわけで、大都市はさらに大きくなり、郊外や田舎から人をどんどん引き寄せます。今、世界の人口の半分以上が大都市に住んでいますが、今後数十年間で、もっと都市に住む人は増えるという予測があります。

ですから、もっとお金を儲けたければ、都会生活のほうが森の中に住むよりいいのです。もちろん、インターネットによって状況はいくらか変わりましたが、ＩＴ人材がみなシリコンバレーや深圳《しんせん》に集まるのは、それだけビジネスチャンスが多いからです。そういう場所に住んでいると、エンジェル投資家、経営者、マーケティング、広報、エンジニアなどに簡単に会えるので、その分いろんなことが早く進みます。

自分に合ったお金の流れの量を見つける方法

お金の流れがあまりに大きくて速すぎると、その流れを楽しむのが難しくなり、深刻な「活力の低下」を引き起こすことがあります。収入が10倍になると、支出と実務上の問題も10倍になることを想像してみてください。それがあまりにも急に起こり、心の準備ができていないと、途方に暮れてしまうでしょう。

そんなお金の流れにどう対処したらいいのか、わからない人もいます。では、あなたにぴったりのお金の流れの量は、どうやってわかるのでしょう?

それは、どんな「感じがするか」でわかります。その金額は1人ひとりみんな違います。毎月30万円のお金の流れで十分な人もいれば、もっとたくさん必要な人もいます。中には、たくさん収入があって、収入や資産がどれだけあるかもわからないまま、責任の重さに押しつぶされそうな人もいます。

心の平安をもたらしてくれるお金の流れを追求しましょう!

お金の流れの仕組み、お金を引きつける磁石のような人になる方法、そして気楽で幸せな人生を送るために必要な流れの量がわかったら、次にやるべきことは、あなたが乗るのにふさわしい流れを見つけることです。

では、あなたにぴったりのお金の流れはどこで見つけたらいいのでしょう?

それは、流れに乗ってみるとわかります。回り道に思えるでしょうが、そんなことはありません。流れの中にいるときは、その瞬間にすっかり没頭しているので、何のストレスもなく、時間の経つのが速く感じられます。自分のスキルと才能を無理なく使って、自分の仕事が変化をもたらすのを実感することができます。

不思議なことに、あなたは働いているような気がまったくしないので、そういうときは、「流れに乗っている」ことを実感するでしょう。Happy Money を受け取ることは、ワクワクして遊んでいるときの感覚にそっくりなのです。

あなたが遊んでいるような気分になるときは、自分にふさわしい流れに乗ったということです。まだ流れに乗っていないのなら、流れを探し続けてみましょう。

経済的にうまくいっている人の多くは、楽しいお金の流れの中で生きています。なぜなら、彼らは何をしてもお金を引きつけやすく、自分が本当にうれしくなるようなお金の使い方をするからです。

精神的に健康的な人は、人生に何の不満も持っていません。

あなたがお金の流れを心地よく感じるようになったら、あなたの流れを他の人と分かち合うことができます。お金に関しておもしろいことは、お金がたくさん流れるようにするほど――つまり、人と分かち合うほど――流れの勢いが増すことです。

友人が2人いるとしましょう。1人はいつもあなたにチャンス、気づきをくれて、クライアントを回してくれますが、もう1人は何もしてくれません。

もし、あなたがどちらかに便宜を図ってあげるとしたら、どちらにしますか？

うまく流れを回していく人には、チャンスも人望もお金も集まるのです。

自分にぴったりの仲間を見つける

自分にぴったりのお金の流れを見つけるには、まず、自分の仲間を探し出すべきです。仲間とは、自分が共感を感じる人たちのグループで、あなたの行動や個性を評価してくれます。彼らはあなたを支援し、あなたの商品やサービスを買い、あなたの士気を高めてくれます。そして、あなたの成功と出世をいつも応援してくれるのです。あなたの仲間は必ずしも家族でなくてもいいし、どこにいてもかまいません。私たちがグローバルエコノミーの中にいることを考えれば、仲間は、地球上のどこにいてもいいということです。

自分がどの仲間に入るのかわかっていれば、人生はもっと楽になります。芸術家肌の仲間でもいいし、学究肌の仲間、あるいは起業家的な仲間でもいいでしょう。どんな仲間であっても、その一員になれば、みんながたくさんのことを共有しているので、まるで故郷に帰ったような気分になるでしょう。

彼らは、あなたの感じ方や行動、そして何よりも個性を認めてくれます。仲間と一緒にいると安心し、一体感も持てるので、あなたは何をやっても自然にできるのです。

必要のないものを手放し、大好きなことだけをやる

常に「『もっと多く』もらっていいはずだ」と感じるのは、危険な生き方です。永久にもっと手に入れ続けるのは無理に決まっているからです。でも、そういうプレッシャーをみんなが感じ、誰もがもっと欲しがっています。

最近は「帰宅すると退屈だ」と文句を言う子どもが増え、親は子どもたちをもっと楽しませなければならないと考えています。夫と妻は、もっとお金を稼ぎ、もっと外食し、もっとお互いに与え合うべきだというプレッシャーを感じています。私たちは、もっと人に

与えられないことに、罪悪感を持つのです。誰にでも、ある程度は「もっと、もっと」を求める気持ちがありますが、自分の感情をうまく言い表せません。私たちの指導者や私たちの手本になる人物でさえ、もっと手に入れようと頑張っています。

しかし、時代は変わりつつあり、このライフスタイルにうんざりし始めている人もいるのです。特に若い人に、その傾向が顕著《けんちょ》に見られます。

自分の大好きなことをやることと、必要のないものをすべて手放すことは、必ずしも矛盾していません。立ち止まって、自分がやりたいことについて考え、その方向に進みさえすればいいのです。自分の大好きなことだけをやりながら、お気に入りの場所で、好きな人とだけ付き合う。そんな人生をイメージしてみてください。あなたは以前より不幸せになっているでしょうか？　あるいは、以前より少ないものに満足しているでしょうか？

あなたの流れをつくることは、あなたの流れを分け合うこと

流れをつくり始めるのに、あなたが何かを持っている必要はありません。自力で成功した大金持ちが起業したとき、みんな何かを持っていたわけではないのです。

では、なぜ、彼らは大成功したのでしょうか？

それは、今あるものをよりよいものと交換し続けたからです。最初は、自分の心や情熱を分かち合うことから始めましたが、人は情熱的な人を支援するのが大好きなので、どこへ行っても、情熱的な人は十分なサポートを受けられるのです。私たちは、一生懸命頑張っている人を見ると、助けてあげたくなるものです。

お金を抜きにして、信頼できる人をつくる

私は、お金について何の心配もしていません。それは、お金をたくさん持っているという理由ではなく、すばらしい友人がたくさんいるからです。

先日、信頼できる友人が何人いるか数えてみたのですが、50人以上いました。だから、すべての財産を失ったとしても、どの友人のところに行っても、「1週間泊めてほしい」と頼むことができます。家に泊めてくれるようにお願いして、その間はベビーシッターや家事をしたり、人生の悩みを黙って聞いてあげられるでしょう。私はなかなかいい居候として、トイレ、お風呂の掃除、皿洗い、電球を取り換えることも、すごく得意です。そして、次の週は、別の友人のところに行きます。

1年（52週）経って、最初の友人の家に戻って、「久しぶり！　最近どうしてた？」と言って、また新しい居候の1年を始めればいいのです。

そう考えると、まったくお金がなくても、友人がある程度の人数いれば、平安と調和を保ちながら、残りの人生を生きることができるでしょう。半分冗談ですが、真実です。たいていの人は、50人も友人がいないとか、自分の国ではこんなことをやるのは難しいとか言うかもしれません。

確かにそうかもしれません。でも、小さなことから始めて、5人か10人の友人をつくりましょう。そして、「生活を立て直すまで1カ月間泊めてもらってもいいでしょうか」と1人ひとりに尋ねているところを想像してください。この話をする目的は、信頼できる友人が何人いるのか、あるいはいないのかを指摘することではありません。

お金を抜きにして人生を信頼することを学ぶ——少なくとも心のワークとして——と言いたいのです。たぶん、1年も友人に頼って生きる必要はないでしょうが、人生の重荷を自分だけで背負わなくてもいいと思うと、ホッと安心できるでしょう。

あなたが怖れているのは、失敗したりお金をなくしたりする状況ではありません。ひとりぼっちになること、食べられないこと、生きていけないことが怖いのです。けれども、たとえお金がなかったとしても、親身になって支えてくれる友人や家族に頼れると確信できれば、怖れることは何もありません。喜びと感謝だけを感じ、それが日々のやる気をもたらしてくれるのです。

今、大勢の人が自分自身の怖れにとらわれ、恐怖心のために、嫌な仕事もやめることができない状態にいます。もし、今の仕事と収入を失えば、生きていけない。とにかく当人たちはそう自分に言い聞かせています。しかし、本当に、絶対にそうなのでしょうか？

答えは「ノー」です。その気になれば、生き抜いて立派にやっていく方法はあります。

その第一段階は、違う視点から物事を見ることです。

真の安全は、どのくらいお金を持っているかではなく、誰を知っていて、信頼しているか、信頼されているか、にかかっているのです。

お金の流れを信頼することは、人生を信頼すること

もうおわかりでしょうが、お金の流れを信頼することは、自分の将来を信頼することなのです。あなたは、自分が不安を感じているのは、お金に対してではないことに、うすう

す気づいているかもしれません。自分の将来が不安になり、今持っているお金を維持できるかどうか、あるいは、食べていくのに困らないだけのお金を稼ぎ続けられるかを心配しているのです。そんなに心配していたら、息が詰まるような気分になってしまいます。

この心理的メカニズムがわかったら、「信頼」という課題に向き合う必要があることがわかると思います。お金の流れ、人生を信頼できなければ、自分がどのくらい持っているか、あるいはどのくらい貯えているかに関係なく、不安をなくすことはできないでしょう。

人生と将来を信頼できれば、お金の不安なんか消えてしまいます。なぜなら、あなたは自分自身を頼りにし、あなたを支えてくれる人たちを頼りにできるからです。

人生の流れを信頼する、ということをやってみましょう。

いつもの流れに変調を感じているなら、何か新しいことを試す最大のチャンスです。別の流れをつくるべきときなのかもしれません。行き詰まっていると思ったら、信頼できる人に助けを求めましょう。そうすれば、誰かがやってきて助けてくれます。

「助けを求めなければ、あなたが援助を必要としているとは誰も思わない」のです。確かに、助けを求めるのは難しいものですが、必要な援助を得ようとしないのは、怖れや不安があるからです。人にどう思われるか、怖がり、人の批判を気にしているのです。

だから、もう一度、その怖れを信頼に変える必要があります。**人は善良で助けてくれる**

ものだと信じてみることです。人間は、人助けをするのが大好きです。あなたが思っている以上に、いい人がたくさんいるのです。遠慮なく助けを求めれば、世の中には、あなたを支援してくれる、幸せで優しい人がいっぱいいることに気づくでしょう。

私は、長年かけて「どうやってサポートを求めたらいいか」を学んできました。最初は、恥ずかしく思ったり、ちょっとまごついたりするかもしれませんが、やってみれば楽しくなってきて、その結果にびっくりすることもよくあります。

先は、どのみち、どうなるかはわからないものです。ある意味、**将来に自分を委ねるのです。**人生に身を委ねてしまえば、奇跡が起こります。人が助けを求めたり祈ったりして、奇跡的に助けてもらった話を聞いたことがあるでしょう。一度そんな体験をすれば、あなたの見る世界は、がらりと変わるでしょう。

お金の「幸せな流れ」をつくるためにできる10のこと

まだ、あなたがHappy Moneyの流れに乗っていないと感じていたのなら、今すぐできる、幸せな流れをつくり出す方法をいくつか紹介しましょう。

Happy Moneyの流れをつくり出す10の方法をお伝えしましょう。

①お金を寄付する

慈善活動にお金を寄付することは、Happy Moneyの流れを感じるのに最も簡単な方法です。大金を送る必要はありません。たった100円の募金でも効果があり、気分がよくなります。慈善活動への寄付は、あなたの脳とあなたの周囲に十二分にものを持っているというメッセージを送ります。たくさん持っているのだから、怖れを感じなくてもいいのです。自分にとって有意義で、自分の信条に沿った団体や慈善活動を見つけましょう。

②友人にお金をあげる

あなたは過去にお金を貸したり、お金の寄付や投資を求められたりしたことがあるかもしれません。大切な人にあげたお金は、いつもHappy Moneyです。誰にでも人生でお金が必要な時期がありますが、あなたに十分な資産がある場合は、必要としている人にお金をあげましょう。私は、夢を追いかける身近な人たちに、何度となくお金をあげてきました。自分のお金が誰かの役に立ち、その生活を支えているのが感じられるときほど、気持ちのいいことはそうありません。

③友人に贈り物をする

友人に贈り物をするのは、楽しいお金の使い方です。我が家には贈り物を入れておくクローゼットがあります。家族で買い物に出かけると、たいていは、友人のための買い物をしています。

先日、妻と一緒に買い物に行ったのですが、支払いとショッピングバッグを運ぶ係は私で、車に戻るころには、両手にいっぱいバッグをぶら下げていました。小さいものも合わせると、たぶん10個以上あったでしょう。どれも自分たちのものではなく、すべて贈り物でした。買い物では自分たちのものは何も見つからず、親友への贈り物がたくさん見つかったのです。たくさんの袋を見て２人で笑ってしまいましたが、幸せな気分でした。

高価な贈り物を買う必要はなく、ハーブティーの小箱でも立派な贈り物になります。他の人への贈り物を買うと、その人たちも幸せになり、あなたも幸せになるのです！

④プラスαを提供する

何かをあげる場合は、プラスαをつけましょう。助けを求めたり何かを借りたりする必要がある状況では、「持っていないこと」に恥ずかしさを感じるので、実際に必要な分より少なめを要求することが多いものです。ですから、誰かがやってきてあなたに何か頼んだら、どうしてそれが必要なのかを察知し、頼まれたよりも多くをあげるようにするのです。ペンを貸してくれと頼まれたら、ノートもつけてあげましょう。

新しい従業員を雇う上司の立場なら、期待された金額より少し多めの給料を渡すことです。また、クライアントと仕事の交渉をしているのなら、どこに無料の追加サービスをつけられるかを検討しましょう。また、相手にとって有利な条件をつけて契約すると、相手は、普段よりも喜んで働いてくれるでしょう。

どんな状況でも、プラスαをつけると、後ろ向きで不安に満ちたエネルギーを前向きな力に変えるので、相手は、「大事にされ、愛されている」という気持ちになります。これは、自分とまわりの人たちの精神的安定に投資するようなものなのです。

⑤請求された額より多く支払う

これは、多くの人にとって驚きでしょう。私は請求書を受け取ると、できるだけ早く支払いを済ませ、時には請求額よりちょっと多めに支払って感謝の気持ちを示します。この行為には驚く人が多く、相手は「これまで仕事をしてきて、請求額以上のお金を受け取ったことは一度もなかった」と言います。受け取った金額が請求額より少ないとカッとなり、多いとショックを受けるのです。

私は、多めに支払って相手の反応を見ただけで楽しくなります。人は多めに払ってもらうのに慣れていないのです。私は、「与えることと受け取ることに関する固定観念を変える」のが自分の目標だと感じ、多めに払って相手を驚かせることを大いに楽しんでいます。

⑥クライアントや上司に、贈り物やカードを送る

私たちは、クライアントや上司からお金をもらい続けるのがどれほど奇跡的なことか、忘れがちです。彼らは、他の人を選んでお金を支払うこともできたのに、あなたを見つけて選んでくれたのです。たとえば、あなたがクリーニング屋なら、お客さんは別の店に行ってもよかったのに、あなたの店に来てくれたのです。カードやちょっとした贈り物を送って、感謝の気持ちを伝えましょう。私は、本屋に行って店内で立ち読みしていると、いつも何百という本棚に圧倒され、目が回るような気がします。こんなにたくさんの本の中から、いったいどうやって「私の」本を選べるというのでしょう？　何十万冊もの本の中から私の本を見つけて買ってもらうのは、まず不可能な感じがします。ですから、読者の皆さんには、いつも私の本を読んでもらうことに、心から感謝しています。

私が、読者プレゼントとして講演会を無料でやったり、特製ペンを差し上げるのは、感

謝の気持ちを表現したいからです。

あなたも、クライアントに感謝の気持ちを示すために、何か送りましょう。会社勤めをしているなら、上司や同僚に感謝の気持ちを何らかの方法で表してください。

興味深いことですが、あなたが感謝し続けていれば、相手はあなたの感謝を覚えています。そして何かいいチャンスがあると、最初に思いつくのはあなたなので、最初に誘ってもらえる可能性が高いのです。

⑦お金を受け取ったら、素直に喜ぶ

ほとんどの人は、お金を受け取るとうれしくなりますが、その気持ちを表すことは、少し恥ずかしいと思っています。たいていの人は、何があっても感情を抑えて、お金のことは話さないようにしつけられているからです。誕生日の贈り物をもらって、少しはしゃぐのはよくても、どういうわけか、お金を受け取ったときにそうはしません。

今度、お金を受け取ることがあったら、必ずうれしい気持ちを伝えましょう。お金をもらってうれしいという感情を表せば、相手は、またお金をあげて喜ばせたいと思います。うれしそうな顔を見るのは楽しいものですから、お金を受け取ったら、いつも喜んでその気持ちを相手に伝えることが大切です。

先日、私はアメリカのスーパーで2ドル（200円）のクーポンをレジでもらいました。思わず、「わあ、うれしい！」と叫びました。すると、私のうれしそうな顔が気に入ったのか、隣にいた女性が、彼女のクーポンを私にくれたのです。クーポンをもらって喜ぶ私の顔が見たかったのでしょう。もちろん、私はとびっきりの笑顔を彼女に見せました。

あなたも、顔見知りの店のオーナーを喜ばせようと、何か買い物をしたことはありますか？　食料品店でも、小さなレストランでもかまいません。人は、そのオーナーの喜ぶ笑顔見たさに、そのお店に行くのです。人から何かを受け取ったら、素直に喜んで笑顔を返すことは、豊かさの流れを保ち続けるのにとてもよい方法です。

⑧お金を使うときには、相手の幸せを祈る

これは、あるメンターから学んだことです。私はお金を使うとき、いつも**「私のお金が、あなたとあなたの愛する人たちを幸せにしますように」**と心の中でつぶやきます。あなたのお金を受け取った相手が、食べ物を買ったり、楽しみのために使うことを祝福しましょう。お金を使う場面では、いつも相手の人や会社の幸せを祈ってください。

あなたのお金で誰かを祝福すれば、それはHappy Moneyの流れをつくり出していることを意味します。眠りにつく前に、その日、誰にお金を支払ったかを思い出し、その人た

ちに起こるすばらしいことをイメージしましょう。あなたがそんな姿勢で生きていれば、人はあなたがどういう人なのかに気づきます。あなたが何も言わなくても、人はあなたの温かく優しいエネルギーを感じられるからです。

⑨好きな人、お店から買う

ネットショッピングが盛んになり、オンラインで買い物する機会が増えています。でも、実際にお店の人から買うのは、とても楽しいことです。だからこそ、まだショッピングセンターや小さなお店が存在しているのです。もし、私たちがすべてをオンラインで買い続けたら、実店舗はなくなり、特に、人の幸せや生活に欠かせない地元の家族経営のお店は消えてしまうでしょう。

あちこちにまだお店があるのは、人がまだ、「実際の品物を見て、お店の人と話をして元気をもらいたい」と思っているからに違いありません。**私たちは、いろんな人のいる場所、大きなエネルギーのある場所にいたり、人とつながりたい**のです。

自分の好きな人から何かを買うのは、楽しいことです。だから、よそでもっとお得な値段で買えるとわかっていても、気になりません。私たちは、好きな人から買い続けたいものなのです。私たちは他人を幸せにして、豊かさの流れにい続けるようにしているのです。

ですから、買い物に行くときは、お気に入りの場所で、お気に入りの人から買うようにしましょう。気に入らない人やお店から買うより、買ったあとの気分がずっといいでしょう。オンラインでも、自分の好みのお店で買えます。自分の好きなネットショップで買い物をすると、Happy Money を使ったので、幸せな気分になるでしょう。

⑩すべてに感謝する！

私は、メンターの竹田和平さんから、豊かさをつくり出して、それを保ち続けることについて深い教訓を学びました。和平さんは以前、必死の思いで彼のところにやってきた男性の話をしてくれました。その人は借金を抱えて、お金に困っていたのです。和平さんは彼に、「君の『ありがとう』を10万回分買ってあげましょう」と提案したそうです。そのためには、何カ月も一日中「ありがとう」と言い続けなければなりません。

彼は「やってみる」と答え、最後に和平さんにお金を借りに行ったときには、もうお金はいらなくなっていました。なぜそうなったのでしょう？　それは、彼が、ありがとうと何万回も言ううちに、「すべてに感謝する」という心の姿勢の成果を手にするようになったからです。

このように、私たちが感謝の言葉を口にすると、世の中に力強いエネルギーが放出されます。私たちはこの瞬間に存在し、自分が持っているもので十分だと悟ります。

実際に、私たちは、「生存する」という観点からは十分に満たされていて、必要なものはすべて持っています。満ち足りていることに気づいて充足感を感じることは、宇宙で最も強力な力です。あなたが心からの感謝を信条とすれば、文字どおり何でも達成することができるのです。

第5章

お金の未来

世界は進化している

この章では、「お金の未来」について探ってみたいと思います。あなたのお金が将来どうなるかだけでなく、世の中でお金の役割が、どう変わるかも見てみましょう。

世の中が変化するにつれて、私たちの生活も変わっていきます。近い将来に起こる変化は、私たちの想像を超えるものになりそうです。そして、それは、人類にとっても大きな感情的混乱を引き起こすものになるかもしれません。

私たちは、現実に直面する必要に迫られています。この先、いろんな種類の難題が待ち受けているからです。30年後には、世界の人口は100億人に達し、食糧需要が70％増加すると予測されており、海はプラスチックごみでいっぱいになるでしょう。

地球温暖化によって、海面水位や農業が影響をこうむることになります。介護が必要な高齢者が増加し、さまざまな健康問題やエネルギー需要の増加にも対処しなければなりません。また、階級闘争や政治的緊張が高まる事態も多発するかもしれません。

確かに、私たちは多くの難題を抱えていますが、過去2世紀の間に改善した分野もたくさんあります。今では多くの人が80歳以上まで生きられるようになりました。かつては命取りとなった感染症は、ほとんどが根絶されたり、封じ込められています。先進諸国のほとんどの地域で、水がコレラ菌や寄生虫に汚染されていることはありません。

大多数の国で、人々は平和に暮らせるようになっています。第一次、二次世界大戦のような何百万人もの死者が出る戦争は、70年以上起きていません。残念ながら、一部の地域では紛争が起きていますが、国家間の軋轢《あつれき》はあったとしても、それが戦争に至ることはなく、外交を通じてトラブルを収めています。日常生活のレベルでは、工学や建築が進歩したおかげで、私たちは空調のある家や会社で過ごせるようになりました。

先進国で暮らす人の多くは、厳しい天候の変化に悩まされることはほとんどありません。また、今では電力をうまく使えるようになって、石炭や石油にかつてほど頼らなくなっています。そして、テクノロジーの進歩とともに、私たちはかつてないほど多くの自由時間を楽しんだり、遠く離れた人々と、ほぼ無料で連絡を取り合えるようになりました。

昔なら、集めるのにかなりの時間と労力を要したような情報も、今では、数秒もあれば文字どおり指1本動かすだけで集めることができます。

また、アート、真実、生きる意義、幸福などを追い求める方法は、無限にあるように思えます。そういう意味では、すばらしい時代になったと言えるでしょう。

未来のお金の役割とは？

お金に関して、幸せな未来とは、お金を使わずに、あるいは、わずかな費用で行使できる社会的特権の数が大幅に増えるような世界ではないでしょうか。

幸福に欠かせない物品やサービスが豊富にあって、そうしたものが、タダとまではいかなくても、誰でも買える安価で入手しやすい世界でしょう。

教育やコミュニケーション、エネルギー、質のいい食べ物、さまざまなチャンスが、持っているお金の多少とは無関係に得られる世界です。

これについては、シェアリングエコノミー、つまりは、物、サービス、場所などを多くの人と共有・交換して利用する社会的な仕組みの中で、実現しつつあります（例：カーシェアリング、クラウドファンディングなど）。人々は、モノをさらに役立たせる方法や、得たものをシェアする方法を学びつつあるのです。

これまで、「人間の生き残りにとって、お金は重要だ」と考えられていましたが、将来は、そうはならないでしょう。もちろん、お金が役に立つことは間違いないですし、これからも私たちの間でエネルギーをやりとりする何らかの手段が必要です。ですが、お金を

「自分の運命を支配するエネルギー」のように感じることは、これからは次第になくなる可能性があります。

大胆な予測をすると、お金は、将来的には今の「塩」のようなものになると私は考えます。ガル・ルフトとアン・コーリンが『Turning Oil into Salt: Energy Independence Through Fuel Choice（石油を塩に変えよう――燃料を選択することで、エネルギーを自給する）』というタイトルで、代替エネルギー源についての本を書いています。この本では、塩の歴史が紹介されています。それによれば、長い間、塩漬け肉が冬を生き延びるための食料を保存する唯一の方法だったそうです。

つまり、「塩」はとても大事な資源だったわけです。人々は、塩の出所はどこなのか、塩の蓄えはどのくらいあるのか、他のものとの相対的な価値はどのくらいなのか、といったことを正確に把握していました。要するに、塩は「貨幣」のようなものだったのです。

ところが、缶詰や冷凍といった、食料の他の保存法が登場したことで、塩は突如として、それほど大事なものではなくなりました。もちろん、塩は今でも必需品として使われていますが、私たちが冬を越せるかどうかが塩で決まるわけではありません。また今では、塩は豊富にあり、値段はとても安くなりました。塩を自宅に備蓄しているような人も、あまりいないでしょう。

今では、石油がかつての塩のような存在です。今のところは、石油はとても価値があります。自動車や飛行機、船舶の燃料として、他の選択肢がなかったからです。お金をめぐって、人々の間に不和が生じたのと同じように、石油の支配をめぐって、国々の間に摩擦が起きました。

しかし、今、ガソリンを燃料とするエンジンに変わるものが見つかりつつあります。ですから、いずれは石油も塩と同じ道をたどる可能性があります。石油は、将来も使われるでしょうが、需要が大幅に減るので、豊富にあって安価なものになるでしょう。そして、「お金もいずれは石油と同じ運命をたどる」と私は考えています。

ただし、それは、私たちが「お金のない世界」で暮らすという意味ではありません。

「お金がないことへの怖れのない世界」で暮らすようになるということです。

そこが、現在と将来の大きな違いです。最終的には、私たちは集合意識（潜在意識）の中でも、「お金」と「自由」を関連づけなくなるでしょう。私たちはお金がなくても、「幸せ」や「自由」を感じ、「安心感」を得られるようになるのです。それは、幸せや安心、自主性といったものは内面の問題であることや、そうしたものを得るのに必要なのは、「今を生きること」や「今の瞬間に身を入れること」「自分の時間と才能を大好きなことに注ぐこと」だと気づくからです。

将来のお金に対する2つの見方

将来のお金に対する見方は、あなたの意識や成長に応じて変わってくると思います。とても悲観的な見方をすることも可能だし、とても明るい見方をすることもできます。では、その2つの見方がどういうものか、説明しましょう。

楽観的な見方をし、「ものは豊富にある」という考え方をしている人たちは、将来は次のような分野で職は十分にあると考えています。――研究、エンジニアリング、アートとデザイン、エンターテイメント、食品と栄養、医療、宇宙技術、廃棄物管理、再生可能エネルギー、AI関連分野。そして、こうした分野は、仕事の需要があり続けるばかりか、テクノロジーの飛躍的な進歩とともにさらに拡大すると考えています。彼らはこう言います。

――確かに、自律機械（ロボット）に取って代わられる仕事が増えるだろうが、人間の関与が必要な仕事もたくさんあり、人々は人間によるデザインや職人技を大事にし続けるだろう。また、人々は教育をますます受けやすくなるだろう。いずれは、インターネットを通じて、誰もがより高度な教育を受ける手段を手に入れるようになるからだ。それは、新しいシステムを整えるだけで可能になるのだ……。

実際、運転手や工場労働者、農場労働者、会計係、その他の事務系の仕事は、アルゴリズム（定型化した一連の手順）に変換され、センサーやロボットの仕事になるでしょうが、将来を楽観視している人たちは、私たちはそうした変化に対して、ワクワク感や感謝の気持ち、愛情、冒険心を抱くことになると考えています。


一方、悲観的な見方をする人や「欠乏意識」のある人は、将来は階級間の対立が起こり、上流階級はお金は使わずに貯めておき、私利私欲を満たせるものだけに投資したほうがいいと考えるようになり、中流階級や労働者階級は、怒りを感じるようになると考えています。こうした不幸な状態は、当然ながら、人々の創造力や生産力を損ない、社会的地位の向上や幸福の妨げになります。

悲観的な見方をする人たちは、「もう絶望的だ」と言います。彼らは、問題のすべてをＡＩとテクノロジーのせいにします。完全に「恐怖」に基づいた見方をし、ＡＩのせいで、私たちが現在見慣れている仕事の多くが奪われると主張します。そしてＡＩ中心の世界になることで、冷たく、非友好的な社会が生まれ、企業は個人の基本的な権利やニーズよりも、金儲けを優先するようになると考えています。そして、彼らはこう言います。

――今でも、すでにかなり多くの人が「社会は分断され、不公平な世の中になる」という神話（通説）を信じている。すでにかなり多くの人が「自分はないがしろにされ、忘れられている」と感じている。世界中で、恐怖がニュースのヘッドラインと、政治的な美辞麗句のほとんどを支配している。

お金持ちの人々は「自分のお金が、努力もしない人のために取り上げられている」と常に感じ、貧しい人々は「自分たちは金持ちに、搾取《さくしゅ》されている」と感じている。

幸せな人は１人もおらず、みんなが恐怖を抱いている……。

こんな悲観的な未来を見ている人も多いと思います。

どんな将来を迎えるかは、自分で選択できる

ですが、未来がどうなるかは、まだ決まっていません。

私たちがどんな将来を迎えるかは、私たちが選択できるのです。

お金に関して言えば、あなたがお金とどうかかわるかは、あなたが選択できます。あなたは、お金持ちになることもできますし、ならないこともできます。幸せなお金の流れの中で生きることも、不幸せな流れの中で生きることもできます。あなたのお金を使って、

まわりの人たちを幸せにすることもできますし、惨めな気持ちにすることもできます。

リスクをとって、あなたの好きな道を目指すほうを選択することもできますし、リスクを避け、安全なところにとどまり、あなたが持っているものや知っていることに固執するほうを選択することもできます。あなたが将来についてのどちらの「見方」を選択するにせよ、いずれは、それがあなたの人生に反映されることになるでしょう。

つまり、「あなたの将来は、あなた次第で決まる」ということです。そしてあなたの選択は、あなただけでなく、家族やまわりの人たちの将来にも影響を与えるでしょう。あなたが経済的に幸せになったら、あなたのまわりの人たちも幸せになる可能性が増えるのです。幸せを広めたいなら、まずは、あなたの生活のできるところから始めましょう。


つまり、**お金といい関係を築き、個人的な「Happy Money」の流れをスタートする**のです。

それができたら、「Happy Money」の波及効果が、あなたのまわりのたくさんの人たちに届きます。彼らが、いったん「Happy Money」の流れの中で暮らす楽しさを知ったら、彼らも、自分でも「Happy Money」の流れをつくろうとするでしょう。

あなたは、今すぐにでも、多くの人の人生に届く「波」を起こすことができます。起こすのは、とても簡単です。

お金があなたのところにやってきたときに、「ありがとう」と言い、そのお金があなたのところから出ていくときに、もう一度「ありがとう」と言えばいいのです。

あなたが自ら「波」を起こしたら、その後は、日々の生活の中で違いを感じることになるでしょう。まわりの人たちは、以前と同じなのに、あなたは彼らとのつながりを感じるようになるのです。そして、毎日が楽しくなっていきます。

あなたにとって大事なものは、何ですか？

「あなたにとって大事なものは、何ですか？」

こう聞かれたら、たいていの人は「家族と友人」と答えるのではないでしょうか。なかなかいい答えです。では、ちょっと言葉を変えて、もう一度うかがいます。

ごく身近な人は、あなたの日々の言動から、大事なものが何だと判断するでしょう？

「大事なもの」を聞かれれば、私たちは正解を口にしますが、本当に何が大事なのかは、私たちの日々の言動に現れるものです。あなたが時間とエネルギーをどこにどのくらい使っているかで、あなたにとって、本当に大事にしているものがわかるのです。

では、あなたにもう一度うかがいます。

「あなたにとって大事なものは何ですか？」

今こそ、あなたにとって本当に大事なものを改めて見直すタイミングかもしれません。それが、「Happy Money」の流れに加わる大きな第一歩になります。自分にとって「大事なもの」がはっきりわかっている人は、自分が何に感謝したらいいかを知っていますし、「大事なもの」は、人生におけるどんな障害を乗り切るのにも役立つことに気づいています。


あなたはこんなアドバイスを聞いたことがあるかもしれません。

「低賃金の仕事でも、好きではない仕事でも、常に笑顔で一生懸命取り組みましょう。だって、誰が見ているかわからないですから」

私たちは、常に能力や熱意を評価されています。ですが、この言葉は、多くの人が「聞くのはうんざりだ」と思うようなアドバイスではないでしょうか。というのも、たいていの人は、一生懸命働いたところで、誰かが見ていてくれたなどという幸運なチャンスに恵まれないからです。

幸せな人生に必要なたった1つのこと

では、ここでちょっとした秘密を教えましょう。

あなたが望んでいるものにあなたを近づけるのは、「幸運」ではありません。

それは、意図的な**「感謝の気持ち」**なのです。いつも自分が持っているものに対して感謝の気持ちを表明している人たちは、結局は、自分の幸せに責任を持つことになります。そういう人たちは、常に「ありがとう」と感謝する心を持っています。そして、行動すべきときが来たら、「責任を負う（responsible）」、あるいは、「対応できる（response-able）」――私はこの言葉をこう解釈するのが好きです――のです。

彼らには、対応能力があるということです。苦しい時期を乗り切ることができますし、好調な時期を心から楽しむこともできます。隠し事が何もないので、自分に対してもまわりの人たちに対しても正直でいられます。根が真面目なので、仕事にも真面目に取り組みます。そういう人たちは、必ず人生におけるチャンスをつくり出します。それは、時間の問題、状況の問題なのです。チャンスは運次第ではありません。他人次第でもありません。

自分が持っているものに対して感謝し、チャンスが生まれたときに、それをつかむというのは、単なる「対応能力（response-ability）」なのです。

あなたが自分への憐み（自己憐憫《れんびん》）に浸っている、あるいは、自分が成功できるかどうかは自分の責任ではなく、運や誰かがあなたを「見いだしてくれる」かどうかで決まると思い込んでいるとしたら、あなたは不幸になるでしょう。

私たちが将来どんな感情の持ち主になるかは、私たちが利用できる豊かな財産を受け継ぐ気があるか、待ち受ける難題に責任を持って対応する気があるかどうかで決まります。もし私たちにそうする気があるなら、私たちの世界にポジティブなエネルギーがみなぎり、私たちのお金にもポジティブなエネルギーがみなぎることになるでしょう。

「Happy Money」の流れは、世代を超える

私たちは「欠乏」の神話と「勝者がすべてを手に入れる」という考え方に慣れすぎているので、本当に「寛大なこと」をしてもらうと、それを忘れないものです。それは特別なことなので、人生を変える力を持っています。

ちなみに、日本語の「ありがとう（有難う）」という言葉は、字義的には「有るのが難しい」という意味です。ですから、私たちが誰かに「ありがとう」と言うときには、難しい、特別なことをしてくれたことに対して、お礼を言っているわけです。

私は以前に、祖父が大成功を収めた実業家だったという男性の話を耳にしました。その祖父は寛大な人で、まわりの人々から尊敬され、愛されていました。しかしながら、よく

あることですが、その孫息子は甘やかされて育ち、ビジネスのセンスもなかったので、祖父の会社を倒産させ、祖父が残したお金や不動産もすべて失ってしまいました。孫息子と彼の家族は、小さなアパートに移るしかありませんでした。

そんなある日、彼のところに、かなり高齢の見知らぬ老人がやってきました。その老人は、「自分は孤児だったが、あなたの祖父の寛大な厚意により、就職することができた」と説明しました。祖父の家で、すき焼きをごちそうになった思い出も語りました。

老人は、祖父宅でのおいしく温かい食事や祖父からの愛のある教えを思い出すと、いつも笑顔になるということでした。老人はこう語りました。

「あなたのおじい様は、いつも私に親切にしてくださった。ビジネスや人生についてのあらゆることを教えてくださった。ですから、私が手に入れた成功はすべて、あなたのすばらしいおじい様のおかげです」

孫息子はあっけにとられて、こう尋ねました。

「それで、あなたは私に何の用があるんですか？」

「私は、あなたの現状を伝え聞いて、あなたを探してきました。おじい様にたいへん親切にしていただいたことへの感謝のしるしとして、これをあなたに差し上げたいと思います」

老人はこう言って、包装された大きな箱を孫息子に渡しました。その中には、彼の家族のためのすき焼きセットが入っていました。その後、夕食の支度をするために、箱から大きな鍋を取り出したら、子どもたちが箱の底から封筒を見つけ出しました。中には小切手が入っていました。一軒家を購入できるほどの金額です。添えられたメモにはこう書かれていました。

「どうか、ご家族との生活を立て直すためにお使いください」

甘やかされて育ち、かつては恩知らずだった孫息子も、この「感謝のしるし」――私の言う「Happy Money」――に大いに感動して刺激を受け、老人と同様、彼も変化を遂げました。

見知らぬ人のお金を上手に使って、大きな成功を収めたのです。彼の祖父の「Happy Money」のエネルギーは、50年の年月を経ても、孫の人生をポジティブな方向に変える力を持っていたのです。

「安心感」をもたらすもの

「豊かさ」は、お金ではなく、あなた自身の中に見いだし、「安心感」は、お金ではなく、人間関係に見いだしましょう。

私たちは「お金がたくさんあれば、人生は安泰だ」と考えがちです。だからこそ、みんなが――お金持ちも貧しい人も――もっとお金が欲しいと思うのです。そして、みんなが「安全だ」「すべて準備ができている」と思いたがっています。だからこそ、お金のことになると、私たちは多大な恐怖を抱くのです。

とはいえ、お金が必ず「安心感」をもたらすとは限りません。

では、何が「安心感」をもたらすのでしょうか？

それは、「良好な人間関係」です。**永続的な人間関係の深い絆ほど、安心感をもたらす**ものはありません。苦しい時期のサポートを他のみんなに頼れるとしたら、誰もお金がなくなるという「恐怖」を抱く必要はなくなるでしょう。あなたが本気で「安心感」を求めているのなら、友人や家族のところに行きましょう。

これは、いつまでも貯金や出費のことを心配するのはやめて、人間関係に時間を注ぎ込みましょうということです。そうすれば、あなたは気分がよくなるでしょうし、いざとなったら助けてもらえると安心することができるのです。

「安心感」をお金と結びつけるのは、もうやめましょう。そうすれば、お金の心配をしないことで得られる解放感をすぐに味わうことになるはずです。

「マネーゲーム」から抜け出す方法を考えよう

私たちは誰もが、お金にある程度縛られています。ですが、お金とどう付き合うかということを1つのゲームと見なしたら、そこから自由への道がスタートします。このゲームは、お金持ちと貧しい人々では、まったく違った種類のゲームになります。あなたがどちらのゲームをプレイするにせよ、変わらないことが1つあります。それは、「他人」を相手にプレイすることになることです。

では、私たちがこのゲームをうまくプレイしているかどうかは、どうすればわかるでしょう？　たぶん、私たちは競争相手を見てみるでしょう。そして相手がどんな調子かチェックし、自分と比べてみます。私たちはあたかも自分が得点しているかのような状況、あるいは相手に点を取られたような状況を設定するでしょう。そして、そうした恣《し》意《い》的なシステムを使って、自分がどのくらいうまくやっているかを判断します。

私たちはこうしたゲームに勝っていると感じるものでしょうか？　おそらく、時々は、そう感じられるかもしれません。

ですが、私たちは、自分が勝っていると思っているときでも、誰か別の人の生活が目に入ると、突如としてこう思うようになります。

「私もあんな生活をしなくては！」

こうして私たちは、自分の脳に「私は足りていない」というメッセージを送ることになります。

私たちがどれだけ稼ぎ、どれだけ貯金しても、まだゲームに負けているように感じるのは、それが理由です。私たちのほとんどが、うまくやっているときでさえ気分が悪いと感じています。

お金のゲームは、その人の心理に影響を及ぼし、すべてのプレイヤーを敗者のような気分にします。飛び抜けて大金持ちの人々でも、気分がよくありません。夏用の大きな別荘やプライベートジェットがあっても、強固な人間関係や真の生きがいの代わりにはならないからです。中流階級の人々も気分がよくありません。まわりの人たちに自分の価値を証明しようとして、疲れ切っているからです。低所得の人々も気分が落ち込んで、夢は実現できると考えることをやめてしまっています。

では、マネーゲームから抜け出すには、どうしたらいいのでしょう？

私がおすすめしたいのは、あなたの仮想の「対戦相手」のことは忘れて、あなた自身を相手にゲームをプレイすることです。

自分と他人を比べるのをやめて、今日の自分と昨日の自分を比べるのです。

結局のところ、あなたを本当に評価できるのは、あなたしかいません。あなたは人々が自分を評価しているように思うでしょうし、実際、評価することもあるでしょう。ですが、その回数はあなたが考えるほど多くはありません。あなたの何かをうらやましく思っている人が実際にどのくらいいるかを知ったら、あなたはきっと驚くでしょう。

私は大金持ちの人たちと個人的に会う機会が多いのですが、そんなときにいつも尋ねる、お気に入りの質問があります。

それは、「あなたが『自分は金持ちだ』と感じたのはいつのことでしたか?」。

私としては、こんな答えを予測します。

「初めて1億円を稼いだときです（金額は、5億円、10億円、100億円かも）」

ところが、返ってくる答えは決まってこうなのです。

「私は『自分は金持ちだ』とは、特別に思っていません」

そしてそのあと、こういったことを言います。「友人の1人は、プライベートジェットを持っていますが、私にはとても買えませんからね」

たとえ大企業を経営し、家族が住む家以外にいくつも家を持ち、何人分かの生涯に必要なお金よりさらに多くを持っているような「お金持ち」でも、「自分は金持ちだ」と思っていないのです。いつ「自分は足りている」「自分は金持ちだ」と思うかについては、何か別の判断基準を見つけたほうがいいに決まっています。そのためには、自分自身を相手にお金のゲームをプレイするのが一番なのです。

マネーゲームから卒業するための、新ルール

今、行なわれているお金のゲームは、あなたに自分と他人を比較させ、その結果として、たとえあなたに必要のないものでも、「もっと欲しい」と思わせるようにつくられています。こうしたお金のゲームを行なうことは世界的な現象ですから、それを免れるのは容易ではありません。あなたがゲームから抜けようとしたら、あなたを連れ戻してみんなと同じ生き方をさせるよう圧力がかかるでしょう。

ですが、いったんゲームから抜けたら、あなたの感じ方がすっかり変わることになります。同じ場所で働き、収入の額も変わらなくても、他人の期待に沿って生きる必要がなくなるので、あなたはもっと幸せな気分になるのです。あなたは自分の意思で、ゲームを行なうための新しいルールを決めることになるでしょう。ゲームは、財産を増やすためのも

のでも、もっと多くのものを手に入れるためのものでも、「対戦相手」よりもうまくやるためのものでもなくなるのです。

あなたは、自分が「勝者」のように思える仕事を選ぶことになるでしょう。つまり、あなたが大好きな仕事を選んだり、あなたの能力や才能にもっと合った仕事に転職したりすることになるでしょう。そしておそらく、お金（収入）だけが、あなたが「勝っている」ことの判断基準ではなくなります。

判断基準は、友人や家族と過ごす時間が増えること、あるいは、趣味や関心事に費やす時間や、幸せや喜びをもたらしてくれる活動に費やす時間が増えることになるでしょう。

経済的自由を手に入れるための重要エッセンス

それから、この機会にあなたの中に眠っていた才能を見つけてみてはいかがでしょう。

自分にこう問いかけてみてください。

「何をしたら、ワクワクするだろう？　本当に得意なことは何だろう？」

あなたがワクワクすることを仕事にし、その仕事をうまくやったら、いずれは、あなたに必要なお金とクライアントをすべて引き寄せることになるでしょう。

ただし、それは簡単にできるわけではありませんし、あなたがお金についての基本的なこと――十分な収入を得ること、十分に貯蓄すること、十分に出費すること――を学ばなくていいというわけでもありません。

ですが、そうしたことができるようになったら、あなたは3～7年以内に経済的自由を手に入れることができるでしょう。私はそういう人を数えきれないほど見てきたので、これは確かな話です。そして、経済的自由を手に入れることは、そうしようと心に決めれば、誰にでもできることです。

「Happy Money」の流れは、誰でもつくり出せる

他の人がそれを手に入れるのを手助けすることに大きな喜びを見いだしている人もたくさんいます。そういう人たちは、人を手助けすることで、その人とつながっているという意識と幸福感を得ているのです。

これが、**幸福の波及効果**なのです。あなたはミリオネアにならなくても「Happy Money」の流れを起こせます。

ちょっと考えてみてください。もし大多数の人々がマネーゲームから抜け出すと心に決めたら、いったいどんな世界が生まれるでしょう。そして、いったいどんなことが起こるでしょう！

それでは、私が考えていることを紹介しましょう。

私たち「みんな」が「Happy Money」の流れに入り、その流れに貢献するようになったら、次のようなことが起こると思います。

お金持ちの人々は、恵まれない人々に、自分の財産をもっと多く分け与えるようになるでしょう。中流階級の人々は、もっと大きなリスクを負って、自分が大好きな仕事をするようになるでしょう。生活が困窮している人々は、もっと安心感を抱くようになり、将来への希望を持ち、富裕層の支援から恩恵を受けることになるでしょう。その結果、家庭内の争い、お金のトラブル、犯罪も減り、さらに言うなら、社会、世界がもっと平和になると思います。

私たちが恐怖に基づいたネガティブな考えから脱却し、もっと今の瞬間に身を入れ、幸せな気分になれることをもっとやったら、間違いなく、みんなが支え合い、励まし合うような環境をつくり出すことになるでしょう。

幸せの国「ブータン」から学んだ「幸せ」の定義――あなたにとって「幸せ」とは何?

数年前に、私はブータンに出かける機会に恵まれました。「幸せ」についての本を書くためのリサーチが目的でした。ブータンは世界で最も幸せな国の1つと言われています。私は実際に行ってみるまでは、ブータンの人々はみんな笑顔で行動し、よそから来た人に対しても、心を開いて「ハロー(こんにちは)」と笑顔で言うのだろうと想像していました。

ところが、実際に行ってみて、誰かが笑顔を見せてくれたら、それはラッキーなことなのだと気づきました。人々の多くはシャイで、外国人を見つけたら隠れてしまいます。彼らのライフスタイルはきわめて質素でシンプルです。

「ほら私を見て! 今、すっごく幸せなの!」と言わんばかりの態度をとることはありません。彼らにとっての幸せは、もっと静かなものなのです。彼らは日々の生活に満足し、自分が持っているもので満ち足りているのです。

私は彼らに尋ねました。「心配事は何ですか?」すると驚いたことに、彼らの多くがこう答えたのです。「今のところ、心配事はありません」この国には、無料で医療サービスを受けられる制度がありますし、彼らは、もし何かあったとしても、友人や国王が助けてくれると信じているのです。

もし私が先進国で同じことを尋ねたら、職場やパートナー、子ども、政府に対する不満を、少なくとも30分は聞く羽目になったでしょう。

でもブータンでは、私が話を聞いた人のほぼ全員が、自分の人生に満足していました。彼らは、お互いを比較したり評価したりするゲームには巻き込まれていません。彼らの1人はこう語りました。

「私にはすばらしい家族がいます。仕事もあって、家もあります。私に必要なものが、他に何かあるでしょうか?」

私はショックを受けました。確かに彼の言うとおりです。彼が幸せな気分になるのに、本当に必要なものが、他に何かあるでしょうか?

とはいえ、私たちはブータンとはまったく異なる世界で暮らしています。ブータンの人々はシンプルでミニマルな暮らしをし、彼らにはそうした暮らしが合っています。

私たちが彼らから学んだほうがいいのは、まさにそれでしょう。と言っても、昔の暮らしに戻ったほうがいいということではなく、私たちも**自分に合った暮らしに気づいたほう**

がいいということです。

「幸せ」というのは、私たちが自分で定義するものです。ですが、私たちは比較のマネーゲームにハマっているので、「より多い」ことが幸せなのだと思い込んでいます。

だからこそ、「もっと頑張ろう。もっと働こう。そうすれば、あなたの夢は叶います」という神話を、私たちはためらいもせずに、過去1世紀にわたって受け入れてきたのです。

でも、実際のところ、私たちは「もっと頑張って、もっと働いた」後、いったい何を得たのでしょう?

より多くのモノ? そして、より多くのストレスではないでしょうか?

私はブータンから帰国したあと、自分の人生の棚卸しをしました。そしてこう思いました。私たちはブータンの人々より、はるかに多くを持っている。でも、私たちのほうが幸せだろうか?

「いや、そんなことはない」というのが現実です。

ブータンの人々のほうが、幸せになるのが上手です。私たちが幸せになるのに、ブータンの人々と同じように暮らす必要はありません。ですが、私たちもブータンの人々と同じように、「幸せ」には何があれば十分なのかを、自分で決める必要があるでしょう。

誰もが持っている、自分の才能を生かして生きる——私の体験を交えて

この本も終わりに近づいているので、あなたに、大切なことを言っておきましょう。

あなたには、自分の人生を選択する自由があります。
あなたがやりたいと思うことをやっていいのです。
お金がないからといって、思いとどまる必要はありません。

私たちには心配事がたくさんあります。それはお金のことや仕事のこと、人間関係のことだと思っていますが、本当は、自分のことや将来への不安なのです。

「不安」とか「恐怖」といったものに、ダマされてはいけません。私たちが不安に思っていることは、たいていは現実にはなりません。それなのに、私たちは自分のエネルギーの多くを心配することに費やしています。それでは、時間と才能と潜在能力の無駄遣いというものです。

あなたが「何かをやりなさい」という天の声が聞こえたような気がしたときには、リスクを負ってそれをやりましょう。たいていの場合、そうすることが正しい道であり、あなたを次のレベルに引き上げることになります。

私は作家として本をたくさん出した後、高校――イエズス会の男子校――の同窓会に出席したことがありました。友人や先生の多くは、私が作家になったことを知って、びっくりしていました。彼らは、私が法学部に進んだので、私も父のように税理士か、弁護士にでもなると思っていたのです。彼らから見れば、作家というのは私が最も進みそうにない道でした。

実際に一番びっくりしたのは、この私です。まさか自分が作家になるなんて、今でも時々信じられないことがあります。たいていの人は、自分の奥深くに埋もれていた真の才能に気づいたら、すごく驚くものです。それだけ、才能は想定外のところに眠っているのでしょう。

才能は、「本人が自分の人生に責任を持つ準備ができたら、その姿を現わす」と私は考えています。どういうわけか、才能は、「自分を幸せにできるのは、自分しかいない」と気がついたときに、明らかになるのです。

それがわかったら、あなたのすべての感覚にスイッチが入り、あなたは「生きている!!」

と実感するでしょう。

ですが、才能に気づいただけでは、何も起きません。その才能を生かす必要があります。そのためには、自分の才能らしきものを磨いていくことに、本気で取り組む必要があります。あなたが自分の才能を人に役立て、お金に換えたいと思っているなら、自分の才能のレベルアップに時間を注ぐ必要があります。

私は18年前に、まだ娘が小さいころ、大きくなった娘が出てくる夢を見たことで、自分の才能を生かすことの重要性に気づきました。夢の中でティーンエージャーになっている娘が私に「世界を変えるようなことをどうしてやろうとしないの?」と聞いてきました。

私はこう答えました。

「お父さんはね、ただの人なんだよ。政治家でもなければ、大学の教授でもない。この複雑な世界のことをよく知ってるわけでもない。世界を変えるなんて、とてもできないよ」

すると、娘はがっかりして目を伏せました。夢はその場面で終わり、私は目を覚ましました。それはとてもつらい夢だったので、私はすっかり動揺しました。自分が恥ずかしくなって、肩身が狭く感じました。寝ぼけながらも、隣でスヤスヤ寝ている幼児だった娘の顔を見て、「将来、娘に尊敬されるような父親になりたい!」と心から思いました。

それまでの人生と、スキルや能力を磨いてきた独自の経験を思い起こしてみました。すると、インスピレーションが湧くのを待つまでもなく、あたり一面を見回して探すまでもなく、私の「才能」が、私に向かって大声でこう叫んだのです。

「ここにいるよ！」

その数年後、私はこの世界がよりよい場所になることを願って、幸せとお金についての本を書き始めました。そのときは、自分の本がどうなるかとか、やっていることが最終的にどんな影響を与えるかといったことは、まったく想像できませんでした。

ところが驚いたことに、私の本の読者は爆発的に増え続け、私のメッセージは、実際に何百万人もの人生に影響を与えることになったのです。

そして今、私は、あなたにバトンを渡そうとしています。

次は、あなたが世界に貢献するようなことを始める番です。あなたが、やらずにはいられないほどワクワクすること、生きがいを感じること、あなたのまわりの人たちに役立つことを始めてください。あなたなら、きっとできます。

それが何かは、今わからなくてもいいのです。心がザワザワしてきたら、あなたの心の中で、「出してくれ！」と言っている才能があると思ってください。

「Happy Money」への5つのステップ

この本の締めくくりとして、これまでの内容を、あなたが今日からでも取り組める5つのステップにまとめました。これらのステップを通じて、あなたは「Happy Money」の流れに入ることができます。

①欠乏意識（scarcity mind-set）を手放す

お金に対してどんな意識を持つかは、誰もが自分で選ぶことができます。だからこそ、「豊富にある」という意識を持つことを、「Happy Money」への最初のステップにしたのです。私たちはこれまで、「世界にお金は少ししかないので、他の誰かに取られる前に、手に入れなければならない」と教え込まれてきました。

ですから、お金のことが気になって仕方がないというのが、私たちの文化になっています。私たちは、「いくら持っているか」、あるいは「いくら足りないか」ということばかり考えているので、すばらしい人生を送る可能性を自ら摘み取っています。

いったい、なぜでしょう？　それは、「リスクを負って自分が本当にやりたいことをやったら、今の仕事をやめなくちゃいけなくなる。そうすると、生活をしていけない」と頭から決めてかかっているからです。

「世界には、十分な豊かさがない」という欠乏意識を持っていると、自分が無力に感じられ、自分にもまわりにも、あまり寛大にはなれません。

あなたが**「世界には、いろんなものが豊富にある」**という意識を持ったら、新しい可能性が見えてきますし、もっと創造性を発揮できるでしょう。人生で起こる困難にも、もっとうまく対応できるようになるはずです。

あなたは解放され、自分の運命を創造できるようになるのです。

②許しを与えて、お金にまつわる心の傷を癒す

自分の「お金に対する姿勢（態度）」は、ほとんどが受け継いだものです。そして、私たちにそれを受け継がせた人たちもまた、それを受け継いだのです。ですが、受け継いだことを腹立たしく思っていたのでは、「Happy Money」へは到達できません。あなたの先人たちは、若くて未熟で、いろいろと間違うことが多かったのです。そのことは、あなたも理解できるでしょう。

では、そういう時期にいた、あなたの両親を想像してみてください。彼らは恐怖心から行動してしまいました。なぜなら、他にどんな道があるのか、知らなかったからです。彼らはやらなければならないことをやっただけなのです。

あなたが彼らの置かれた状況や、彼らの人間性に共感できるなら、あなたは彼らがどうして間違ったのかに対して理解することができます。あなたに心の余裕があれば、彼らを許すこともできるでしょう。

もしあなたが彼らを許すことができれば、心が軽くなります。あなたは、人を許すことによって、間違いを犯した自分を許すことによって、「Unhappy Money」のサイクルを断ち切ることができるのです。

あなたが許しを与え、癒しのプロセスに入ったら、あなたは新たな「Happy Money」の方向に向かうことができるでしょう。私たちが過去の出来事を許したら、過去の傷は、現在の幸せへの障害にはならなくなりますし、お金にコントロール不能な、怪しげな力があるような気もしなくなるでしょう。

そうなったとき、私たちは解放され、「Happy Money」の流れを見つけて、それを自分に役立てることができるのです。

③自分の才能に気づいて、「Happy Money」の流れに入る

誰もが何らかの才能を持って生まれてきます。その才能に、子どものころに気づく人もいれば、気づくまでに時間がかかる人もいます。自分の才能に気づくことと、自分に喜びをもたらすものを見つけることは、人生において大事なことです。

過去を背負うのをやめましょう。そうすれば、あなたが驚くほどすぐに、あなたの才能が明らかになります。最初のステップとして、あなたの人生の棚卸しをおすすめします。そうすれば、これまでの人生の点と点がつながり始めます。

才能が明らかになったら、フロー状態になる（ゾーンに入る）ことが習慣になります。困難なことや苦労も、あなたのすぐ目の前の楽しみや冒険に変わるはずです。

そして、あなたの才能を世の人々と分かち合いましょう。そのとき、あなたは「Happy Money」の流れを起こすことになります。あなたが本当の自分を知り、自分が最も「生きている！」と実感する場所を知ったら、「信頼」への土台を築いたことになります。なぜなら、あなたは何からも隠れる必要がないからです。

あなたが自分の才能を磨けば磨くほど、そして、あなたの才能を分かち合うことが多いほど、あなたが引き寄せる「Happy Money」も増えることになります。

④人生を信頼する

「信頼」は、幸せな状態の大部分を占めています。あなたが自分やまわりの人たちを心から信頼できたら、人生ははるかに楽なものになるでしょう。毎日のように抱いていた将来への不安も、次第に消えていきます。みんなが「豊富にある」という気持ちと意識を持ってお互いを気にかけるようになったら、私たちみんながお金を持てば、すばらしいことを自由に分かち合えるようになるでしょう。

将来起こるかもしれないことへの恐怖も消えます。なぜなら、自分は人々を頼ることができ、人々も自分を頼ることができると安心できるからです。

「信頼」と「恐怖」は共存できません。どちらか一方しかないのです。「信頼」は私たちを活動的にし、創造的にし、自由にしますが、「恐怖」は私たちの行動を押さえつけ、私たちの意図を裏切り、怒りを生み出します。

私たちが信頼しているときには、他人からの「期待」という重圧から解放されます。リスクは、もはやリスクのようには思えません。あなたが自分にとってマイナスになると心配していたほとんどすべてのことが、実際には大きなプラスになることに気づくでしょう。「悪い」出来事が、結局は自分のためになることにも気づくでしょう。

ポジティブな出来事であれ、ネガティブな出来事であれ、結局はすべての出来事が、それぞれ独自の方法で私たちの人生をサポートすることになります。それに気づくことで、人生における出来事を「よいこと」とか「悪いこと」と決めつけることで生まれる、身のすくむような不安から解放されます。だからこそ、自分の人生を信頼している人たちのほうが情熱的ですし、成功している人が多いのです。

私たちは、自分や他人を信頼しているときには、本当の自分になることができます。

⑤いつも「ありがとう」を言う

「Happy Money」の世界は、みんなが人生を流れるエネルギーに常に深い感謝の気持ちをお互いに表明できるところです。自分のお金をいつまでも握りしめずに、進んで与え、喜びで受け取ることが、「Happy Money」の流れを生み出します。

「ありがとう」と言うたびに、「感謝の気持ち」が持つポジティブなエネルギーが、もっと多くのお金を私たちの人生に招き入れるようになるでしょう。

世の中には２つのタイプの人がいます。言葉に出して感謝する人と、非難したり、文句を言ったりする対象を常に見つける人です。あなたは、どちらが人を引きつけるパーソナリティだと思いますか？

人生に感謝している人のほうが人に好かれ、親しみやすく、魅力的です。結果的に、そういう人はあらゆる種類のチャンスを人生に招き入れます。

人生には、計画したとおりにいかない時期もあります。ですが、感謝の気持ちでいっぱいの心は、どんな荒海も乗り越えられる力を生み出します。ですから、事あるごとに感謝の気持ちを表しましょう。自分への感謝の気持ちも表しましょう。あなたが「感謝の気持ち」の流れの中で生きていたら、人生が思いも寄らない奇跡に満ちたものになるでしょう。

そうした流れの中に、私たち自身もまわりの人たちも入っているとき、私たちは「Happy Money」とともに生きることになるのです！

あなたの人生は、経験でつくられる

あなたの人生がまさに終わろうとしているとき、ベッドの上で、「自分はいくら稼いだか」とか、「銀行口座にはいくらお金があるか」といったことを心配しないのではないでしょうか。

たぶん、自分が愛した人たちや自分がやったことを振り返るのではないでしょうか。運がよければ、あなたがこの世を去るとき、あなたのことを大好きだった人たちに囲まれることになるでしょう。

つまり、私が言いたいのはこういうことです。

人生で一番大事なのは、財産ではありません。大事なのは「人々」であり、「あなた」なのです。ですから、あなたの人生や、あなたに最も「生きている」と実感させることに重点を置いて、すてきな思い出をできるだけたくさんつくってください。

あなたの時間とお金とエネルギー――「Happy Money」との引換券――を、あなたにとって最も大事な人たち、あなたが愛する人、感謝している人たちに使いましょう。お金の使い途にはくれぐれもご注意を。

あなたが愛する人々との思い出をつくるのに、あまり多くのお金は必要ありません。創造性を発揮しましょう。あなたがやろうとしていることが何であれ、たくさんの可能性に心を開きましょう。

チャンスは、あなたが創造性を発揮したとき――リスクを負ったときや、感謝の気持ちや希望、「豊富にある」という思いを抱いたとき、受け取ることに抵抗がないとき――、開かれるのです。

あなた自身と愛する人たちに、感謝の気持ちと優しさ、愛情を持って接してください。

そうすれば、人生もあなたに同じものを持って接するでしょう。

私は、そうなることを真剣に願っています。
そして、あなたの心の安らぎと、幸せと、繁栄を祈ります。
この本は、あなたへの祈りを込めて書きました。
最後になりましたが、心からの「ありがとう！」をお伝えしたいと思います。
あなたに幸せと「Happy Money」が訪れますように！

翻訳者あとがき

本書を最後まで読んでくださって、ありがとうございました。この本は、私の20年近い作家人生の集大成として書きました。慣れない英語で書いたので大変でしたが、そのために、今までのどの本ともテイストが違った本になったように思います。

原著者でもある私が、翻訳者としてあとがきを書くのは少し変な感じもしますが、この本を書き終わって感じることについてお話しします。

この本は、英語で書きましたが、イタリア語、ドイツ語、ロシア語、チェコ語、ポーランド語などのヨーロッパ、ポルトガル語の南アメリカ、メキシコ、コスタリカなど中南米のスペイン語圏、中国、韓国、日本などのアジアでも出版されることになっています。

日本人の著者が英語で本を書き、それを世界的に出版している例はあまりないかと思いますが、この本の後、たくさんの日本発のベストセラーが出ることになる予感があります。それは、世界中が日本文化に興味を持っているからです。これまでの歴史を振り返ると、世界で日本ブームになったことが、何回かあります。古くは、浮世絵が陶器の包み紙として輸出された1870年代にフランスでジャポニスムが流行り、ゴッホなど当時の画家に衝撃を与えました。著作では、１９００年に出版された新渡戸稲造の『武士道』が、世界的に読まれました。１９５０年代後半には、鈴木大拙の禅の教えがブームになり、スティーブ・ジョブズをはじめとする、当時のリーダーの心のあり方に影響を与えました。

それから60年近くを経て、今は、アーティストの村上隆さん、作家の村上春樹さんと並んで、近藤麻理恵さんの著作が世界的に読まれています。２０２０年のオリンピック以降は、グローバルに活躍する日本人作家、アーティストもたくさん出てくるでしょう。日本文化のすばらしさが、世界に知られていくことをとってもうれしく思います。

とはいうものの、日本は、いまだに、極東にあるという地理的要因と日本語のために、世界から孤立しています。日本から観光客は世界中に行っているものの、現地の人と交流するわけでもなく、観光地をまわってショッピングして、せいぜい1週間で帰ってきます。現地に溶け込んで移住する日本人は少数派で、できたら老後は帰ってこようとします。そこは、中国や韓国の移民の人たちの意識とは、大きく違います。若い人たちの海外志向が減っているのも、それだけ今の日本が、居心地のいい国である証なのかもしれません。

世界のインターネットのすべての情報の中で、日本語のものは、たったの1％しかありません。日本だけにいると、なかなか気づけませんが、世界の中で、日本は「幸せに鎖国している」状態になっているのです。

中国、韓国などは、国を挙げて情報発信していますが、日本にはそういう動きはあまりありません。これからは、日本も情報発信していかないと、世界から忘れられてしまうのではないかと少し心配になります。せっかく注目が集まっているのに、残念な限りです。

本の話題に戻りますが、私が英語の原作の著者であり、翻訳者であったため、わかりやすいように、いろんな箇所を書き直しました。英語の本のテイストが少し味わえるように、英語らしい表現をあえて残したところもあります。ご理解いただければうれしいです。

本書のテーマである「幸せとお金」についても少しお話ししましょう。お金は、宗教、文化、年代、性別を超えて、世界中の人が、共通に欲しいと願っているものです。

「お金さえあれば、人生は良くなる」と考えている人は多いでしょうが、それが事実でないのは、本書を読んだ皆さんには理解いただけたのではないかと思います。

お金に対する混乱は、人生を楽しく幸せに生きる上で大きな障害です。お金から自由になれる人は、人口の数パーセントで、しかも60代以上です。もし、あなたが若くしてお金から自由になりたかったら、お金について学び、いろんな行動をとる必要があります。

そのためには、まず、「お金から自由になる！」と決めることです。何年かかるかわかりませんが、今決めないと、何も起きないまま時間は経っていきます。人によって違いますが、数年から10年ぐらいで、経済的自由は手に入ります。長く思えるかもしれませんが、途中ワクワクすることも多いので、実際にはあっという間に感じることでしょう。

何事も「本気で決める」ことが大事です。ナビゲーションの目的地を設定すると、ルートが出てきます。あなたが経済的自由を手に入れると決めた途端、すべてが動き出します。

今はわからなくても、あきらめなければ、あなたにも心からワクワクすることは見つかります。ぜひ、それを見つけて、とことん追いかけてください。自分を信じて、前に進んでください。あなたには、自分の人生を自由につくり出す力があるのですから。

お金から、感情的にも自由になってください。それができれば、自分にとって本当に大切なことにフォーカスできるようになるでしょう。

家族とお金について話してみるのもいいと思います。きっと、思ってもみなかったような話が聞けると思います。自分の両親だけでなく、祖父母のことがより理解できると思います。そうやって、あなたの命が、先祖とつながっていることも実感できるでしょう。

これからのあなたの人生が、すてきな思い出でいっぱいになりますように!!

春の八ヶ岳にて　　　　本田　健

参考文献

『Maro Up!—The Secret to Success Begins with Arigato』Janet Bray Attwood、Ken Honda 著（Amazon.com）２０１２年

『Happy Money—The New Science of Smarter Spending』（邦題『「幸せをお金で買う」５つの授業—HAPPY MONEY』）Elizabeth Dunn、Michael Norton 著（Simon & Schuster）２０１４年

『幸せな小金持ちへの８つのステップ』本田健著（ゴマブックス）２０１３年

『お金のＩＱ お金のＥＱ—世界の幸せな小金持ちが知っているお金の法則』本田健著（ゴマブックス）２０１３年

『Love Is Letting Go of Fear』（邦題『愛とは、怖れを手ばなすこと』）Jampolsky, G. G 著（Random House Digital）２０１１年

『Turning Oil into Salt—Energy Independence Through Fuel Choice』Luft, G., and A. Korin 著（CreateSpace）２００９年

『Busting Loose from the Money Game—Mind-Blowing Strategies for Changing the Rules of a Game You Can't Win』（邦題『「ザ・マネーゲーム」から脱出する法』）Robert Scheinfeld 著（John Wiley）２００６年

『The Soul of Money—Transforming Your Relationship with Money and Life』（邦題『人類最大の秘密の扉を開く ソウル・オブ・マネー 世界をまるっきり変えてしまう〈お金とあなたとの関係〉』）Lynne Twist 著（W. W. Norton）２００６年

【著者プロフィール】

本田　健（Ken Honda）

作家。神戸生まれ。経営コンサルタント、投資家を経て、29歳で育児セミリタイヤ生活に入る。4年の育児生活中に作家になるビジョンを得て、執筆活動をスタートする。「お金と幸せ」「ライフワーク」「ワクワクする生き方」をテーマにした1000人規模の講演会、セミナーを全国で開催。そのユーモアあふれるセミナーには、世界中から受講生が駆けつけている。大人気のインターネットラジオ「本田健の人生相談～Dear Ken～」は4000万ダウンロードを記録。世界的なベストセラー作家とジョイントセミナーを企画、八ヶ岳で研修センターを運営するなど、自分がワクワクすることを常に追いかけている。

2014年からは、世界を舞台に講演、英語での本の執筆をスタートさせている。

著書は、『ユダヤ人大富豪の教え』『20代にしておきたい17のこと』（大和書房）、『大富豪からの手紙』（ダイヤモンド社）、『きっと、よくなる！』（サンマーク出版）、『大好きなことをやって生きよう！』（フォレスト出版）など140冊以上、累計発行部数は700万部を突破している。

2019年6月にはアメリカの出版社Simon & Schuster社から、初の英語での書き下ろしの著作「happy money」をアメリカ・イギリス・オーストラリアで同時刊行。また同作はヨーロッパ、アジア、中南米など、世界25カ国以上の国で発売されることが決まっている。

◎本田健　公式HP（日本語）　http://www.aiueoffice.com/
◎『happy money』出版記念特設HP
　http://www.aiueoffice.com/happymoney/
◎本田健　公式LINE　https://line.me/R/ti/p/%40mpx2126g
◎ Ken Honda Official HP（英語）　http://www.kenhonda.com

一瞬で人生を変えるお金の秘密
happy money

2019年8月5日　　初版発行
2019年8月29日　　6刷発行
著　者　Ken Honda
訳　者　本田　健
発行者　太田　宏
発行所　フォレスト出版株式会社
〒162-0824 東京都新宿区揚場町2-18　白宝ビル5F
電話　03-5229-5750（営業）
　　　03-5229-5757（編集）
URL　http://www.forestpub.co.jp

印刷・製本　中央精版印刷株式会社

ISBN978-4-86680-041-7　Printed in Japan